ARCHIVES

DE LA

VILLE DE LECTOURE

COUTUMES, STATUTS ET RECORDS
DU XIIIme AU XVIme SIÈCLE

DOCUMENTS INÉDITS

PUBLIÉS POUR LA SOCIÉTÉ HISTORIQUE DE GASCOGNE

PAR

P. DRUILHET

AVOCAT

ADJOINT AU MAIRE DE LECTOURE

PARIS	AUCH
HONORÉ CHAMPION	COCHARAUX FRÈRES
ÉDITEUR	IMPRIMEURS
15, quai Malaquais, 15	11, rue de Lorraine, 11

M DCCC LXXXV

ARCHIVES HISTORIQUES

DE LA GASCOGNE

FASCICULE NEUVIÈME

ARCHIVES DE LA VILLE DE LECTOURE

COUTUMES, STATUTS ET RECORDS
DU XIIIme AU XVIme SIÈCLE

PAR

P. DRUILHET

INTRODUCTION

Les documents dont nous commençons la publication pour la *Société Historique de Gascogne* se divisent en deux parties : actes législatifs, actes d'administration. La première partie comprend les coutumes, les établissements, règlements, statuts, approuvés et confirmés par le souverain ou institués en vertu de pouvoirs officiellement reconnus ; la seconde, les actes de la commune, les livres consulaires.

Les *Coutumes de Lectoure* furent rédigées, pour la première fois, au mois de mai de l'an 1294, sous Hélie de Talleyrand, comte de Périgord, vicomte de Lomagne, régnant Philippe IV le Bel, roi de France, Édouard Ier, roi d'Angleterre, duc d'Aquitaine. A cette même date, le vicomte reçut serment de fidélité de la communauté de Lectoure et jura solennellement de respecter ses usages, franchises et privilèges. A partir de ce jour, cette charte officielle, reproduisant des droits certains et en vigueur depuis un temps immémorial, mais non obtenus (comme on a bien voulu le dire) *à force d'obstination et d'adresse,*

1

dont le texte avait été formé d'après les traditions et
des documents authentiques, devint la loi constitu-
tionnelle, politique, administrative et judiciaire, sous
laquelle devait vivre à l'avenir le peuple de Lectoure.
De ses diverses dispositions (et c'est en cela qu'elle
diffère de toutes ces chartes octroyées, concédées ou
conquises qui marquèrent, à cette époque, une véri-
table révolution sociale), il résulte que Lectoure
avait constamment conservé à travers les temps
confus et troublés du moyen âge la vieille franchise
romaine et qu'elle avait toujours su faire respecter le
titre incrusté dans les marbres de son Musée épigra-
phique : *Res Publica Lactoratensium.* — Un grand
caractère d'indépendance règne en effet dans toute
la coutume : on y voit des citoyens maîtres de leurs
droits, et s'ils se donnent à un seigneur, c'est en
vertu d'un contrat librement consenti, de conven-
tions réciproques que les deux parties jurent de res-
pecter. C'est ainsi que Lectoure apparaît comme une
seigneurie particulière; elle reconnaît comme souve-
rain le roi de France; elle consent certains droits
de seigneurie au vicomte de Lomagne, à l'évêque
de Lectoure, mais ses consuls, ses magistrats muni-
cipaux, élus au suffrage universel, conservent le titre
de coseigneurs de la cité. Ce titre est à l'abri de
toute contestation; il repose principalement sur le
droit de justice haute, moyenne et basse, tant au civil
qu'au criminel, sur celui de lever et de répartir
l'impôt, enfin sur la prérogative dont jouit l'univer-
sité et chaque habitant en particulier de posséder
les biens franchement et allodialement et de pouvoir
les donner à fief dans toute la juridiction.

Antérieurement à leur rédaction, et le 4 mars 1273, les coutumes de Lectoure avaient été confirmées par Édouard Ier, roi d'Angleterre. L'instrument de confirmation qui contenait à la fois l'hommage prêté par les consuls et le serment du Roi pour le maintien des franchises et libertés de la ville a malheureusement disparu de nos archives. Une copie authentique du titre original, délivrée le 21 juin 1364 par le bailli du comte d'Armagnac et par le bailli de l'évêque, existait encore en 1844. Nous en trouvons l'analyse dans un premier rapport adressé par M. de Métivier au Ministre de l'instruction publique à cette date (1). Nous citons :

« Le roi d'Angleterre étant venu à Lectoure pour
« prendre possession des droits que lui avaient cédés
« l'évêque et le chapitre, on assemble les habitants
« dans l'église. On expose, au nom du chapitre et
« de l'évêque, que cette cession a été faite pour la
« gloire de Dieu et l'avantage de la ville. On engage
« les habitants à prêter serment de fidélité au roi
« d'Angleterre, qui conservera leurs franchises et
« libertés, et leur accordera une protection plus
« efficace que celle dont ils jouissent. Au nom des
« consuls et de la communauté, on répond : ni le
« chapitre ni l'évêque ne peuvent avoir de troupes
« dans la ville. Les habitants doivent seulement
« suivre à la guerre le vicomte de Lomagne. C'est
« à lui seul et à l'évêque qu'ils doivent prêter
« serment de fidélité. L'évêque supplie avec ins-

---

(1) Champollion-Figeac, *Documents historiques inédits tirés des collections manuscrites de la Bibliothèque royale et des Archives ou des Bibliothèques des départements*, t. III, p. 41 (*Documents inédits sur l'Histoire de France*).

« tances (*in quantum poterat*) de prêter le serment
« de fidélité au roi d'Angleterre. Les habitants
« répondent que, s'il est nécessaire, ils prêteront le .
« serment qui leur est demandé, mais, toutefois, en
« réservant en leur entier les droits du vicomte
« de Lomagne et de ses successeurs. Ils demandent
« que le roi d'Angleterre jure d'abord de maintenir
« les franchises et coutumes de la ville de Lectoure.
« Sur l'ordre du roi, Lucas de Gariez (Lucas de
« Thaney) (¹), sénéchal de Gascogne, se lève, et dit
« que par le serment qu'il demande, il n'entend point
« qu'il soit porté atteinte aux droits du vicomte de
« Lomagne, et que le roi est prêt à jurer qu'il
« maintiendra les privilèges et coutumes de la ville.
« Les habitants ayant acquiescé à ces conditions, le
« roi dit à son sénéchal : Jurez en mon nom et
« sur mon âme le maintien des coutumes et des
« privilèges de la ville de Lectoure. Sur l'ordre du
« roi, le sénéchal jure sur les saints Évangiles, au
« nom du roi et sur son âme, que le roi et tous
« ses successeurs maintiendront les coutumes et
« privilèges de Lectoure. Les habitants prêtent
« ensuite serment de fidélité au roi d'Angleterre,
« en réservant les droits du vicomte de Lomagne et
« de ses successeurs. »

Le même jour, les consuls, au nom de la communauté, rendent quittes et absolvent *(absolvimus et
quittamus)* Édouard, son sénéchal et ses baillis, de
tous les méfaits antérieurement commis envers l'uni-

---

(1) Champollion-Figeac, *Lettres de Rois, Reines*, etc., t. I, p. 197 (*Doc.
inédits*).

versité et les habitants sur toute l'étendue de leur
territoire. Acte est passé de cette déclaration en
Lectoure, salle d'Arnaud Guilhem et Raymond Guil-
hem de Doucet *(de Dulceto)* (¹). Le lendemain
(v° die exitus februarii), dans la salle du chapitre, a
lieu le paréage de l'évêque Gérauld de Montlezun.
Ce dernier cède au roi d'Angleterre la moitié des
droits qu'il peut avoir sur le domaine de la ville,
la seigneurie et la justice, ainsi qu'une part des
revenus sur le moulin de Repassac (²).

Les coutumes de Lectoure rédigées et codifiées
reçurent une nouvelle confirmation au mois de
janvier de l'année 1333, par lettres patentes de
Philippe VI de Valois, données au bois de Vincen-
nes. C'était la première fois que la charte lectouroise
obtenait la consécration du roi de France, et la
supplique qui fut adressée à cette occasion par les
consuls et jurats de la cité reçut un accueil d'autant
plus favorable que c'était l'époque où les principales
villes de la Guyenne cherchaient à s'affranchir de
la domination anglaise. Cette considération était
puissante; aussi, quelques années plus tard, alors
que ce mouvement s'étant accentué et qu'un souffle
d'indépendance soulevant les villes de Gascogne, les
Lectourois se jetèrent volontairement et spontané-
ment dans les bras du petit-fils de Philippe, Charles V,
celui-ci non seulement confirma leurs privilèges,
franchises et coutumes, mais encore, par ses lettres
patentes du mois de mai 1369, au moment où il

---

(1) *Notices et extraits des Manuscrits*, publiés par l'Académie des inscriptions
et belles-lettres, t. XIV.

(2) *Hist. de Gasc.*, t. VI, p. 397. — *Gallia Christ.*, t. I, p. 175.

déclarait la guerre à l'Angleterre, les affranchit de toute imposition, subside, gabelle, leudes et péages quelconques, ainsi que de la contribution au paiement de la rançon du roi Jean, son père, stipulée entre les deux puissances au traité de Brétigny.

Après Charles V, les coutumes et privilèges furent confirmés par Charles VII, en décembre 1448; par Louis XI, en mai 1473, à la suite de la prise de la ville, la confiscation définitive des terres de la maison d'Armagnac et leur union à la couronne de France; par Louis XI encore, en 1481, au moment où Lectoure commençait à se relever de ses ruines; par Charles VIII, en décembre 1487; par Louis XII, en juin 1501; par François Ier, en mai 1519; par le duc d'Alençon et Marguerite de Valois, comte et comtesse d'Armagnac, en mai 1521; par Henri II, en février 1547; par le roi et la reine de Navarre, en mars 1553; par François II, en mars 1559; par Charles IX, en janvier 1562, quelques mois après la capitulation de la ville devant l'armée de Montluc. En 1576, le roi de Navarre (plus tard roi de France), de retour dans ses états de Gascogne, arriva à Lectoure le 16 août. Le 23, il se rendit officiellement à l'hôtel de ville et là, en sa qualité de comte d'Armagnac, après avoir reçu serment de fidélité des consuls, en pleine assemblée générale de la Jurade, la main étendue sur le grand livre de la coutume, il jura solennellement de respecter et faire respecter les usages, franchises et privilèges de la cité et de sa juridiction. Cette longue suite de lettres patentes de confirmation que clôturent celles de Louis XIII et de Louis XIV, toutes enregistrées

au Parlement de Toulouse, la plupart scellées du
grand sceau et signées des rois de France ou des
rois de Navarre, forment, avec les hommages et les
lettres d'affranchissement de tailles renouvelées de
règne en règne, la plus belle série des archives muni-
cipales de la ville de Lectoure.

Le grand livre des coutumes, comme bien d'autres
documents précieux dont nous avons à déplorer la
perte, a disparu depuis longtemps, ainsi que le petit
livre. Nous trouvons la description de l'un et de
l'autre dans les divers inventaires dressés de consulat
en consulat dans le xvie siècle : « Item en l'armoir
« sur le dernier où est le siège de Messeigneurs les
« Consulz, y a le libre des costumes de la ville
« couvert de deux postes. Autre petit libre des dites
« costumes en parchemyn... » (¹).

« Le libre des statutz et costumes de la présente
« ville et cité de Lectore qu'est tout de parchemin
« et est couver de postes et comence par ces mots :
« *Ayssi comensa la taula de las costumas de la*
« *honorable ciutat de Laytora.* Les quelles costumes
« furent faites en l'an de l'Incarnation du Fils de
« Dieu Nostre Seigneur mil deux cent nonante
« quatre, messire Helies Thalayran pour lors viscomte
« de Lomaigne qui les confirma; et la confirmation
« y est aussi escripte au fons du susdit libre. Il y
« a aussi certaines costumes sur la création et
« élection des consuls et trésoriers ou boursicrs
« annuels de la présente ville. Aussi y est le dénom-
« brement des péages qui se prennent en la susdite

_____

(1) Inventaire de 1551-1552 (*Livre blanc*, fol. 168 v°; Arch. mun., DD. 1).

« ville. Les susdites costumes sont énregistrées en
« la Cour souveraine du Parlement de Tholose, en
« ung grand registre d'icelle qu'est couvert de postes
« et est tout de parchemin, qui servira si cas estoyt
« que le sus dit libre de céans se perdit » (¹).

Il en est de même de certains documents qui
avaient servi sans doute à la première rédaction :
« Item en la salla de' hault, en lo grand coffre, la
« ont a tres claux, certans instruments de las costu-
« mas vieilhas... » (²).

En 1844, la ville possédait encore trois copies
òriginales des coutumes : la première, portant au
pied la confirmation de Jean Iᵉʳ, comte d'Armagnac,
à la date du 13 novembre 1343 ; la seconde, comprise
dans les lettres patentes de Charles VII, de décem-
bre 1448, et son vidimus des lettres de Philippe et
Charles V ; la troisième, suivie des lettres patentes
de Charles VIII, données à Rouen en décembre 1487.
De ces trois copies originales, la dernière a disparu,
et ce sont les deux premières qui ont servi à la trans-
cription de nos textes.

L'instrument de 1343 est, comme on le verra, le plus
complet ; il contient la coutume, les additions insérées
entre parenthèses, les établissements, un règlement sur
les élections consulaires, les boursiers et trésoriers de
la ville, les taverniers, etc., etc. ; en un mot, les diverses
matières qui, successivement, sans doute, avaient dû
être inscrites dans le grand livre. Toutefois, si nous
l'avons transcrit *in extenso*, nous n'avons pas négligé

---

(1) Inventaire de 1576-1577 (*Livre blanc*, f° 234).
(2) Inventaire de 1507-1508 et autres (*Livre blanc*, f° 108).

la copie de 1448, quoique moins complète, et nous avons eu soin, dans les notes, de relever les variantes et les modifications que présentent les deux textes. Cette dernière nous a servi, du reste, à établir en tête le préambule rédigé en 1294, et *in fine* la formule de confirmation d'Hélie de Talleyrand, ainsi que le serment de fidélité réciproque du vicomte de Lomagne, des consuls et habitants de Lectoure. Les établissements et le règlement sur les élections consulaires n'étant reproduits que dans l'acte de 1343, nous n'avons pu contrôler les textes comme pour les coutumes, suppléer à quelques imperfections de style, rétablir quelques mots que des taches ou des déchirures ont fait disparaître. Cela est d'autant plus regrettable, du moins pour les *établissements*, que certains de leurs articles sont assez difficiles à comprendre et que l'entière rédaction paraît être d'une époque un peu plus ancienne que celle des coutumes. Le nom de R. S. d'En Galin, que l'on trouve à l'art. 91 et qui figure dans nos rôles consulaires à l'année 1273, pourrait servir à leur donner une date approximative, mais aussi, cela pourrait être vrai pour cet article et faux pour l'ensemble, étant donnée la manière dont on rédigeait alors les chartes de coutumes. Nous n'en dirons pas autant pour le *règlement* sur les élections consulaires. Ici nous avons une date précise; elle précède de quelques mois celle de la confirmation par Jean Ier, et cette partie est la seule qui soit originale dans l'instrument. Voici comment un Inventaire des archives de Lectoure, dressé en 1591, désigne ce document de 1343 : « Coustumes de la « présente ville escriptes en deux peaux de parchemin,

« attachées l'une après l'autre et scellées d'un scel
« pendant en soye verte, esquelles est contenu autant
« comme au libre des susdites coutumes qui est en la
« présente maison commune; au pied des quelles est
« la confirmation des susdites coustumes faicte par
« Jehan, c^te^ d'Armagnac, le 13 9bre 1343 ». Le par-
chemin est encore aujourd'hui assez bien conservé
et, comme on le verra dans les notes, le sceau existe
encore, quoique altéré en partie. Le texte est écrit
sur trois colonnes, d'une gothique minuscule; celui
des établissements et du règlement consulaire, qui
commence à la deuxième peau du parchemin, paraît
être d'une main différente de celui des coutumes. Ce
parchemin est d'une longueur totale de 1^m^ 70^c^ sur
0^m^ 60^c^ de largeur.

Le second instrument que nous avons transcrit et
qui reproduit, comme nous l'avons dit plus haut, une
autre copie originale des coutumes, comprend les
lettres patentes de Philippe de Valois, données au
bois de Vincennes en janvier 1333, celles de Charles V,
de mai 1369, le vidimus du roi Charles VII, de
décembre 1448, et ses lettres de confirmation portant
sur le tout, spécialement l'exemption des leudes et
péages pour les marchandises. Il est écrit sur trois
peaux de parchemin assez bien conservées, mesurant
ensemble 1^m^ 80^c^ de longueur sur 0^m^ 55^c^ de largeur;
au bas se trouvent attachées les lettres des sénéchaux
de Toulouse, d'Agenais et Gascogne. Le sceau a
depuis longtemps disparu. Nous l'avons fait suivre
des lettres patentes de Louis XI, de mars 1481, et
il nous a semblé qu'il n'était pas indifférent de
reproduire ainsi, après la conquête, le titre d'union

à la couronne de France de la ville qui avait été
la capitale de la maison d'Armagnac.

Enfin, et comme complément à la première partie,
nous avons fait figurer : 1° un accord de 1411 entre
les consuls et le chapitre sur l'allivrement; 2° les sta-
tuts de 1506 portant modification au règlement de
1343 sur les élections consulaires; 3° une taxe sur les
frais de justice de la cour des consuls, établie par une
ordonnance de 1517. Ces trois derniers documents
sont extraits du livre de la ville, dit le *Livre blanc* (¹),
qui contient, depuis les dernières années du XIVᵉ siècle
jusqu'au XVIIᵉ : les fiefs de la ville; les divers prêts
faits aux comtes d'Armagnac pour certaines sommes
qu'ils devaient compter aux Anglais en 1412, 1427,
1434, pour parer aux frais des noces de Jean IV
avec la princesse de Navarre (1419-1420), etc., etc.;
les inventaires des meubles et papiers de la maison
commune; le matériel de guerre; le mobilier du châ-
teau; des baux à nouveau fief; des réceptions d'ha-
bitants.

A l'époque où commencent nos *Livres consulaires*,
faisant l'objet de la seconde partie de cette publica-
tion, la ville de Lectoure se relève à peine de ses
ruines. Le dernier siège de 1472 (v. style) l'avait
presque totalement anéantie; l'armée royale, après le
meurtre de Jean V, avait été sans pitié; au pillage
et à l'incendie avait succédé le massacre des habi-
tants; les fortifications avaient été en partie rasées;
les édifices publics, les maisons particulières démolis.

---

(1) « ... Lo present *Libre blanc*... » (Inventaire 1517-1520, f° 122).

Il ne reste dans nos Archives aucun document sur cette lugubre histoire. Seuls les registres de l'hôpital Saint-Esprit (livre de comptes, recettes et dépenses de 1457 à 1487) mentionnent ainsi la mainmise sur la ville au nom du Roi, lors de la saisie des domaines du comte par Chabannes, comte de Dammartin, en 1469 :

« Item despensen quan lo comte Danmartin ben-
« goc en esta vila per mete la dita vila a la man deu
« Rey, e lo bastard de Las Trilhas era lotjat au dit
« espitau e bole desbota la porta deu grane, e foc
« forssa que l'ubrissan lo grane e prengoc tota la
« siuaza que y era et que monta... etc. »

A partir de ce moment, la vie publique paraît être complètement interrompue à Lectoure, et il faut arriver à l'année 1481 pour retrouver une municipalité constituée. Hâtons-nous de dire cependant que dès les premiers jours, soit qu'il ait cédé à une pensée réparatrice ou que ses ordres ayant été dépassés il ait obéi à l'intérêt de sa politique, le roi Louis XI songea à relever une place importante qu'une situation exceptionnelle et des remparts naturels rendaient presque inexpugnable, que les luttes des derniers temps avaient sensiblement grandie et que l'on considérait à juste titre comme la clé de la Guyenne, *que es clau de Guihenna* (records). Aussi la donation royale de la seigneurie et ville de Lectoure faite à Bertrand d'Alègre, seigneur de Busset, immédiatement après la conquête, portait textuellement la condition « d'icelle cité faire réparer, bastir et « fortiffier affin que les habitants feussent soulagés « et peussent mieux retraire et habiter en icelle, vu

« la pauvreté où ils estoient » (¹). Dès le mois de mai 1473, deux mois après le siège, le Roi continua son œuvre. Par ses lettres patentes données au Plessis du Parc, il déclara Lectoure unie au domaine de la couronne, confirma ses privilèges anciens et rétablit les limites de la juridiction ; au mois de décembre suivant, rapportant une décision qui établissait à Auch le siège d'une sénéchaussée royale, il l'établit à Lectoure (²); le 22 janvier 1474, il octroya aux habitants, afin de les aider à réédifier leurs maisons, réparer et fortifier leurs murailles, affranchissement de tailles, d'impositions ordinaires et extraordinaires, exemption de l'entretien des gens de guerre pour une période de sept ans; enfin, le 15 mai 1481, après avoir confirmé le contenu de ces lettres antérieures, il prorogea ses exemptions et affranchissements de cinquante années, et, le 22 mai, il remit en possession les syndic et consuls de Lectoure de tous les domaines, territoires, forêts, droits et juridictions usurpés, depuis le siège, par les seigneurs voisins : les sires d'Albret, les seigneurs de Fimarcon, les barons de Pordéac, etc.

A cette date de 1481, commence pour Lectoure une période de renaissance et nous assistons dès lors à un complet relèvement de la cité. Les travaux sont poussés sur tous les points avec activité : recons-

---

(1) Arch. mun., série AA.

(2) Aux termes des lettres patentes du 27 décembre 1473, le ressort de la sénéchaussée comprit toutes les terres d'Armagnac en deçà de la Garonne, à l'exception du comté de l'Isle-Jourdain, savoir : le Fezensac, l'Armagnac, l'Astarac, le Pardiac, la Lomagne, le Bruilhois, le Fezensaguet, la seigneurie de Lectoure, l'Euzan, le pays de Rivière-basse, les vallées d'Aure, Magnoac, Barousse et Neste.

truction du clocher et de la cathédrale, réparations aux édifices publics, à l'hôpital, aux couvents, aux écoles, aux boucheries. Les fortifications et les remparts se relèvent, le matériel de guerre se reconstitue, les maisons particulières sont rebâties, la vie municipale renaît, les officiers de la sénéchaussée sont installés et le sénéchal d'Armagnac siège au château. Les livres de l'hôpital du Saint-Esprit, du bassin du purgatoire, les inventaires, les livres terriers nous révèlent cette situation. Nous la retrouvons dans les registres des *records* ou délibérations qui commencent la série de nos livres consulaires, quoique ceux-ci, comme l'on pourra s'en convaincre, aient principalement trait aux travaux de défense. Dans ces temps de troubles intérieurs, il importe de se mettre à l'abri d'un coup de main ; les citoyens doivent s'armer, veiller aux portes, faire bon guet et bonne garde ; les consuls reçoivent souvent des lettres de la cour ; leur pensée dominante est de ne rien permettre qui puisse déplaire au Roi, et leur constante préocupation est de maintenir la ville en son obéissance. Les habitants se souviennent en effet du temps passé ; les luttes des trente dernières années les ont singulièrement appauvris ; les rébellions de Jean IV et de Jean V contre l'autorité royale ont été suivies d'un châtiment terrible : la destruction de la ville et le massacre. Ce châtiment semble même leur apparaître comme une punition de la justice divine. On verra, dans une délibération, l'assemblée voter le paiement d'un prédicateur et le prier d'accepter pour le pardon de la ville.

Un jour, des enfants parcourent les rues, portant

un panoncel et criant : « Vive Armagnac ! ». Les
consuls, les officiers de la sénéchaussée, les chanoines,
les habitants se rassemblent : il faut ouvrir une
enquête sur ces cris séditieux ; contre ceux qui ont
pu organiser la manifestation ; il faut garder sur cet
événement le secret le plus absolu ; éviter avant
toutes choses de s'aliéner les faveurs du Roi. D'un
autre côté, on ne néglige rien pour assurer l'avenir et
la prospérité de la ville ; on tient surtout à conserver
les bonnes grâces de Mgr de Lectoure et de M. le
sénéchal. L'évêque vient d'être appelé à la cour, il
aide de son influence et de sa fortune. Le sénéchal,
qui est à la tête de la province, réside au château des
comtes et la ville tient à conserver le siège de la
sénéchaussée royale ; elle ne veut pas perdre son
titre de capitale de l'Armagnac. Or, dès le début,
des conflits inévitables se sont élevés entre les officiers
de justice et les consuls. Ces derniers ont tenu à faire
respecter leurs privilèges, leur droit de juridiction :
les magistrats auraient préféré siéger dans une ville
qui eût offert plus de ressources. En 1485, ils récla-
ment encore un local ; on répond qu'on ne doit dans
aucun cas leur céder la maison commune.

Indépendamment de ces quelques points princi-
paux, nos livres de records comprennent bien d'autres
sujets mis en délibération, qui tous reflètent l'état
embarrassé d'une ville qui se relève et d'un peuple
qui se reforme. Ils sont d'une lecture assez difficile et
rédigés avec une concision remarquable. Il est à
regretter qu'ils soient peu nombreux. L'inventaire de
1591 mentionne dix livres de records ou délibérations,
de 1480 à 1514 ; ces dix livres avaient entièrement

disparu, et ce n'est que dans le cours de ces dernières années que ceux que nous publions aujourd'hui ont été retrouvés; ils sont au nombre de trois, encore sont-ils incomplets. La perte des lettres closes des rois Louis XI et Charles VIII aux consuls de Lectoure est peut-être encore plus regrettable; elles sont visées dans les délibérations presque à chaque page. Pour l'intelligence des textes, nous en avons copié quelques-unes dans les *Documents inédits sur l'Histoire de France*, où elles ont été publiées, et nous avons cherché à les rapprocher des records auxquels elles semblaient devoir s'appliquer.

En tête de cette deuxième partie, nous faisons figurer deux documents importants contenant deux syndicats : l'un du milieu du xiv° siècle, l'autre de la fin du xv°. Nous avons pensé que nous ne devions pas négliger ces grandes assemblées populaires des villes, qui avaient lieu le plus souvent dans les églises, et dans lesquelles elles choisissaient solennellement leurs mandataires et précisaient leur mandat. Le premier de ces documents est extrait d'un instrument de sentence arbitrale sur les limites, entre la commune de Lectoure et celle de Saint-Avit; il est de 1351, rédigé en latin et écrit sur une grande feuille de deux peaux de parchemin très bien conservée, d'une longueur totale de 1ᵐ 52° sur 0ᵐ 71° de large. Le second est extrait d'une transaction entre l'évêque, le syndic du chapitre et les syndic et consuls de Lectoure, à la date du 20 août 1487; il est rédigé partie en gascon, partie en latin; la copie authentique, sur papier, déposée aux Archives municipales, paraît dater du xvi° siècle.

Telles sont les diverses pièces qui composent cette première publication. Nous ne nous dissimulons pas que nous apportons un concours bien modeste à l'œuvre entreprise par la *Société Historique de Gascogne*, mais nous avons cru qu'il était de notre devoir de ne pas laisser dans l'oubli le passé d'une ville qui a joué un certain rôle dans l'histoire, et qui, fière de son origine, s'est toujours montrée jalouse du maintien de ses privilèges, de ses franchises et de ses libertés.

LECTOURE, décembre 1884.

ARCHIVES

DE LA

VILLE DE LECTOURE

PREMIÈRE PARTIE.

——

COUTUMES

ÉTABLISSEMENTS. — RÈGLEMENTS. — STATUTS.

(XIIIᵉ, XIVᵉ, XVᵉ, XVIᵉ SIÈCLES.)

————

MAI 1294.

COUTUMES DE LECTOURE.

(Archives municipales de Lectoure, AA. 1. — Deux peaux parchemin. — Sceau
pendant en cire verte sur lacs de soie verte. — Copie de 1343).

SOMMAIRE :

Préambule. — Art. 1ᵉʳ. Remise des châteaux, tours et forteresses entre les mains des
consuls et des prud'hommes, en cas de guerre entre les seigneurs de la cité. —
Art. 2. La cour de la cité (les consuls et les prud'hommes) connaîtra du différend
entre les seigneurs sur les affaires concernant la seigneurie. — Art. 3 et 4.
Exemption d'enquêtes et de droits de leudes et péages. — Art. 5. Droits de
pacage, d'affouage, etc. — Art. 6. La vicomté de Lomagne ne peut être divisée ;
il ne peut y avoir qu'un seul seigneur. — Art. 7 et 8. Exemption de consignation
en toutes causes poursuivies par les seigneurs ; nul ne peut être actioné sans record
de la cour de la cité. — Art. 9. Exemption du droit d'albergue. — Art. 10. Du
droit de saisie. — Art. 11 et 12. Nul ne peut être jeté hors de sa possession sans
connaissance de cause, et ne peut faire clameur à moins que le débiteur ne refuse
le gage ou nie la convention. — Art. 13. Les seigneurs tiendront leur cour en la
grande rue, et ne peuvent rien juger sans record des prud'hommes. — Art. 14, 15

et 16. Règles de procédure; délais accordés au défendeur; serment de *veritate.* — Art. 17 et 18. De la preuve et de la preuve contraire. — Art. 19. De la contrainte des témoins. — Art. 20. De l'appel. — Art. 21 et 22. Serment des avocats; ils ne peuvent être à la fois juges et conseils. — Art. 23. L'apanagé ne peut être poursuivi s'il n'y a requête de son seigneur. — Art. 24. Les appels sont directement portés à la cour du sénéchal de Gascogne. — Art. 25. Si le vicomte de Lomagne est en guerre avec ses voisins, les consuls sont arbitres du différend avant de le suivre, et prendre les armes; s'ils le suivent, indemnité est due après le premier jour, et cela ne peut avoir lieu que trois fois l'an. — Art. 26. Si le vicomte vient à Lectoure pour prêter main-forte à la communauté, il lui sera fait vente comme à un simple particulier. — Art. 27. Les établissements faits par les consuls et les bailes des seigneurs ont valeur en tout temps. — Art. 28 et 29. Saisie ne peut être faite qu'en cas de meurtre, ou sur défaut et refus de comparaître en matière de coups et blessures ou autre maléfice; aucun gage de défaut ne peut être pris; mais l'obstination à ne pas comparaître peut entraîner la saisie des biens, même la contrainte par corps en cas d'insuffisance. — Art. 30 et 31. Les exploits des sergents seront sans frais dans les murs de la ville et les faubourgs; gardiens ni sergents ne peuvent être mis sur les biens à moins de convention contraire. — Art. 32. Nul n'est soumis à un juge ordinaire des seigneurs; les bailes des seigneurs sont les seuls juges ordinaires et peuvent connaître de toute affaire avec la cour de la cité; leurs sentences sont du ressort du sénéchal de Gascogne sans intermédiaire. — Art. 33. Les produits des amendes appartenant au consulat de Lectoure dans les affaires jugées par les consuls seront départis entre les seigneurs et la ville. — Art. 34. Faculté donnée aux habitants d'acheter et transporter le sel, en acquittant les droits de péage dus à la ville. — Art. 35. Amendes ni droits pour services ou oublies à maison d'ordre ou église ne seront dus à raison de fiefs, mais seulement lesdits services ou oublies sur la demande des administrateurs des maisons ou églises. — Art 36. Division de la ville en trois bans seigneuriaux; droits respectifs des seigneurs. — Art. 37. En cas de deshérence les biens sont mis entre les mains d'un prud'homme; après an et jour, ils sont confisqués au profit des seigneurs. — Art. 38. Droit de fournage reconnu aux habitants. — Art. 39, 40 et 41. Droit de capcazal dû aux seigneurs; les *capcazaliers* devront tenir écu, lance, épée et casque, pour la garde de la cité; les capcazaux peuvent être vendus, donnés à fief; ces ventes et ces baux à fief sont exempts de toute dénonciation à la seigneurie; règlement pour les réparations à faire aux murs de la cité entre les possesseurs de capcazaux, francs alleux, biens de services. — Art. 42. La femme mariée n'a aucun droit sur l'hérédité de son père en dehors de la dot; cas où elle peut réclamer pour cause de retrait lignager. — Art. 43. Main-forte par les seigneurs pour la poursuite et l'exécution des jugements. — Art. 44, 45 et 46. Achats et ventes; participation non forcée; exemption des droits de prison ou de geôle. — Art. 47. Serment des bailes aux consuls. — Art. 48. Les seigneurs ne peuvent rien prendre aux habitants; le cas échéant, indemnité est due. — Art. 49. Toute contestation pour des fiefs est portée devant le seigneur du fief, à moins d'en appeler à la cour des seigneurs de la ville. — Art. 50, 51, 52 et 53. Élection des consuls; leur serment; ils peuvent juger en toutes causes avec le concours des jurats; leurs sentences seront exécutées à leur requête par les bailes des seigneurs. — Art. 54. Les seigneurs ne peuvent citer un citoyen hors de la ville. — Art. 55. Poursuite de l'adultère. — Art. 56. Frais de funérailles. — Art. 57 et 58. Consignation pour l'appel; pour la demande en garantie. — Art. 59. Seigneurs de Lectoure : le Roi, le vicomte et l'évêque; leur droit sur les viandes. — Art. 60. Droit sur les animaux vendus aux boucheries, dû au chapitre de Saint-Gervais, au Roi et à l'évêque. — Art. 61. Poursuites pour non paiement des droits de péage. — Art. 62. Terre gardée ou message (?). — Art. 63. Sentence donnée par un seigneur vaut comme si elle était donnée par tous. — Art. 64 et 65. Vente de fief a toujours valeur, excepté si elle est faite à des gens de mainmorte; la vente doit être dénoncée au seigneur du fief; il aura 8 jours pour prononcer. — Art. 66. Avocat d'office désigné par les seigneurs. — Art. 67, 68 et 69. S'il y a survivance d'enfants, la femme ne peut disposer de ses dotaux; augment en faveur du mari si la dot est mobilière; retrait lignager. — Art. 70, 71, 72. Le mari n'est tenu des dettes de sa femme que pour cause de commerce, pour dettes faites avec son autorisation ou à son profit; succession en ligne collatérale; préférence de la ligne d'où les biens sont advenus; quart réservé aux ascendants ou aux plus proches. — Art. 73. Fiefs ne peuvent être mis en mainmorte. — Art. 74. En cas de contestation entre les seigneurs et les citoyens sur des coutumes, les consuls appelleront les prud'hommes les plus anciens; si la contestation est entre les citoyens, les seigneurs avec la cour se joindront aux consuls et aux prud'hommes. — Art. 75. Objets insaisissables. — Art. 76. Salaire entier est dû au domestique s'il est renvoyé à tort; s'il s'en va sans raison, il ne lui est rien dû. — Art. 77 et 78. Gain de survie doit revenir à la famille du donateur prédécédé; la femme ne peut réclamer que sa dot et son lit, à moins de dispositions contraires ou d'être sur le point de devenir mère; sinon, elle doit faire compte à l'héritier du mari. — Art. 79. Les fiefs confisqués sont vendus dans l'an et jour. — Art. 80. Règles en cas d'incendie. — Art. 81 et 82. Plaies et effusion de sang; coups et blessures; pénalités. — Art. 83 et 84. Meurtre; légitime défense; pénalités. Contumace. — Art. 85. Destruction des récoltes; de l'incendiaire. — Art. 86. Poursuite du coupable de crime capital s'il est fugitif. — Art. 87. Des notaires; qualités requises. — Art. 88. Faux poids et fausses mesures. — Art. 89. Arbitrages rendus exécutoires par les consuls. — Art. 90. Tout contractant devant les consuls, habitant ou étranger, pourra toujours être contraint à s'exécuter. — Art. 91. Accord entre les seigneurs et les consuls pour transporter des blés et autres denrées. — Art. 92. L'étranger ne peut saisir un autre étranger dans la ville, mais il peut saisir l'habitant pour dette ou convention faites dans la cité; l'habitant peut aussi saisir l'étranger. — Confirmation des coutumes par Hélie de Talleyrand, vicomte de Lomagne; serment réciproque de fidélité.

[*Ayssi comensa la taula de la costumas de la honorabla ciutat de Laytora*] (1).

[El nom del Pay e del Filh e del Sant Esperit, Amen :

Comensan las coustumas e los usadges longament obtengutz e usatz en la cioutat de Laitora e en las appartenensas, tant en judiament cant deforas, autreiadz sa enreyre par los senhors de la meissa ciutat, que la doncs eran, als cioutadans e cioutadanas presens e abiedors en la meyssa cioutat, segunt que a nos Helias Thalayran (2), par la gracia de Diou vescomte de Lomanha, es estada fes faita, tant par publics estrumentz sagellatz e auctentics quant par leial testimoniage de tropas e diversas personas dignas de fe e de crezensa] (3).

1. E tot prumerament, es costuma e usadge en la dita ciutat, que se era guerra o discordia en la terra entre los senhors de la

---

(1) Ce titre, qui n'est pas reproduit en tête du texte des coutumes dans la présente charte, portant confirmation de Jean Iᵉʳ, comte d'Armagnac (1343), ni dans le vidimus de Charles VII (1448), figurait sur le grand livre des coutumes, aujourd'hui disparu (Inventaire 1576-1577. *Liv. blanc*, fᵒ 234; Arch. mun., DD. 1).

(2) Philippa, héritière de la vicomté de Lomagne et d'Auvillar, à la mort de Vézian, son frère, avait épousé vers 1279, Hélie de Talleyrand, fils d'Archambaud, comte de Périgord, qui s'était marié avec la veuve d'Arnaud Othon, père de Vézian et de Philippa. Tous les quatre octroyèrent les coutumes d'Auvillar, le 4 mars 1279. Par son testament du 4 avril 1286, Philippa donna à son mari la vicomté d'Auvillar, et déclara lui avoir engagé la vicomté de Lomagne pour vingt mille marcs d'argent; le 7 mai 1294, Marquèse, leur fille et seule héritière, reconnut la donation de sa mère, renonça à tout droit sur la vicomté de Lomagne, et prit le voile de Sainte-Claire au couvent de Périgueux. Quelques jours après, la noblesse de Lomagne reconnut la cession de Marquèse, et prêta hommage à Hélie de Talleyrand, dans l'église du Castéra-Lectourois, les coutumes de Lectoure furent rédigées et confirmées, le vicomte reçut serment de fidélité des habitants et jura de son côté de respecter leurs fors et leurs privilèges. (Lagreze-Fossat, *Coutumes d'Auvillar.* — *Hist. de Gascogne*, tom. III, p. 56.) — La Lomagne a des vicomtes particuliers dès le xᵉ siècle. Ils ont porté le titre de *comtes de Lectoure*. Leur monnaie s'appelait *Arnaudine*. On n'a pas retrouvé les monnaies des premiers vicomtes. La plus ancienne est d'Hélie de Talleyrand, frappée à Lectoure (Encyclopédie Roret, num. mod., p. 187). — En 1181, un vicomte de Lomagne, Vivian, est assiégé dans Lectoure par Richard Cœur-de-Lion (D. Bouquet, t. XII, p. 449).

(3) Ce préambule, ainsi que la confirmation par Hélie de Talleyrand, *in fine*, ne figure que sur le vidimus de 1448.

dita ciutat, li meys senhors, a la requesta del coselh o dels autres prohomes de Laitora, si coselh no y auia, deuo liourar al meys coselh o als ditz prohomes los castels e las torrs e las autras fortalesas que aurian dint la ciutat de Laitora, e li dit coselh o li autres prohomes deuon tenir e gardar los ditz castels e las ditas torrs e fortalesas, entro patz e concordia sia feyta de la dita guerra o discordia.

2. Item, si era contrast o discordia entre los ditz senhors sobre alcuna causa apartenent a la senhoria de la dita cioutat, li meys senhors deuo estar d'aquel contrast a esgart e a coneguda de la cort de la meyssa ciutat, so es assaber del coselh o dels prohomes de la dita ciutat aperatz par lo dit coselh. E si algus dels ditz senhors no volia estar a l'esgart de la dita cort, la qu'en fos requerit par la universitad o per lo coselh del meys loc, passat .XL. dias aprop la dita requesta, la dita universitad deu esser ab aquel senhor que voldra tenir lor esgart e contra l'autre, e retenir los deuers que la meyssa ciutat e universitat deuia far ad aquel senhor deshobedient, tant entro qu'els fossan accordatz (1).

3. Item, algus dels senhors de la dita ciutat no pot ni deu far enquesta contra alcun cioutadant del dit loc.

4. Item tot e sengles li ciutada de la ciutat deuon esser francs e quitis ab totas lor causas, per tota la terra e per totas las terras dels preditz senhors, luenh e prop, de tot peadge e de tota leuda (2).

_____

(1) Les articles 1 et 2, ainsi que l'article 74, approuvés antérieurement par les vicomtes de Lomagne et confirmés en 1294, ne le furent pas par Jean Ier, comte d'Armagnac, en 1343, aussi sont-ils, sur nos textes, bâtonnés et cancellés. Toutefois les lettres patentes de Charles VII, que nous publions plus loin, données à Tours, en 1448, ne modifient que l'article 1er; et l'inventaire de 1591, sur les lettres de Charles VIII données à Rouen, décembre 1487, porte seulement : « qu'il est derogé au premier article d'icelles où est ordonné que « au cas en iceluy conforme les tourz et les forteresses seront myses soubz « la main du Roy... » (Inveut. de 1501, Arch. mun., II, 1.)

(2) Cette exemption générale de leudes et péages, confirmée par le roi Charles V, par ses lettres patentes de mai 1369, donna lieu à diverses contestations, notamment avec le fermier des droits de la ville de Toulouse, qui fut condamné par sentence du sénéchal de cette ville, le 12 février 1487, et avec les chanoines et chapitre de Condom, contre lesquels les habitants de Lectoure obtinrent des lettres de chancellerie; de Toulouse le 31 mars 1489; de Bordeaux le 22 mai 1490 (Arch. mun., série FF).

5. Item, tut li predit ciutada deuo auer talh e ayga e fuelha e erba per lor e per totz lors bestiars, per tota la terra dels preditz senhors (1), exeptat que no deuo tenir cabana de bestiar brau en la terra del senhor vescomte de Lomanha, ses volentat de luy.

6. Item, lo vescomtat de Lomanha no deu esser devesit ny partit, ny hy deu auer mas .i. senhor, so es assaber, lo premier nat; e si lo senhor vescomte auia filha o filhas, no y deuo auer alcuna part el dit vescomtat, mas que deuo esser maridadas ab dines, empero dementre que y aya alcun filh leyal del senhor vescomte (2).

7. Item, si algus dels preditz senhors e sos bayles, per si meys, demandaua alguna causa o movia questio contra algun dels preditz ciutadas, aquel ciutada o ciutadas no es tengud de fermar al dit senhor ni al dit son bayle, mas lo meys senhor o sos bayles quel deu judiar senes gran alongament ab la cort de la meyssa ciutat sober son cors o sober sas causas.

8. Item, algus dels ditz senhors ni de lors bayles no pot proar contra algus dels preditz cioutadas, sino ab recort de la dita cort de la meissa cioutat e per causa en la meissa cort autreiada; e si algus dels ditz cioutadas era acusat per los ditz senhors o per algun de lor, deu esser soutz e quitis d'aquera accusatio ab sagrament qu'en fassa que no es tengut d'aquo de que es accusat, sino quel senhor proes ab recort de la dita cort, segunt que dit es, lo crim de que seria acusat.

9. Item, li predit senhor ni algus de lor companha no pot

---

(1) Les citoyens de Lectoure avaient ainsi certains droits de jouissance sur la forêt du Ramier (l'Arramar), dans le comté de Gaure. En 1282, Édouard, roi d'Angleterre et duc d'Aquitaine, dans le but de les gagner à sa cause, intercède pour eux dans une contestation au sujet de ces droits devant le sénéchal de Toulouse (Littera regi Francie rogatoria pro universitate Lectorie. Rymer, Rôles gascons, t. I, p. 198). Ces mêmes droits furent reconnus en 1527 par le parlement de Toulouse, contre les syndics de Fleurance et de Pauilhac (Arch. mun., FF).

(2) Cet article expliquerait une tradition encore vivante, d'après laquelle le vicomte de Lomagne ne devait pas marier ses filles sans l'assentiment des nobles de Lomagne et de la ville de Lectoure; en effet, à défaut de fils légitime, la fille aînée devenait vicomtesse. A deux époques assez rapprochées l'une de l'autre, la vicomté est tombée en quenouille : le 7 mai 1294, Marquèse renonce à ses droits en faveur de son père Hélie de Talleyrand, et le 12 août 1325, Régina, héritière de la maison de Goth, les lègue par testament à Jean Ier, comte d'Armagnac, son mari.

albergar ab algus dels ditz cioutadas, si no ac fazia ab voluntat del meys ciutada o que fos albergador usat e acostumat, al qual deu pagar aysi cum faria us autres (1).

10. Item, tot ciutadas de la dita ciutat pot penherar autre per son crezut deute o per cumbent s'il i a, sia estrani o priuat, solament quel dit contrayt, obligatio o promission, sian estatz feytz en la ciutat de Laytora o en la pertenh, e aqui meis els preditz cas totz hom estrani pot penherar tot ciutadas en la predita ciutat.

11. Item, algus ciutadas auant ditz no deu esser gitat de sa possessio ses conoyshensa de causa.

12. Item, algus ciutadas de Laytora no pot far clamor d'algun autre ciutada del meys loc per rason d'algun deute o combent, sino quel deutor lo vedes la penhora ol negues lo combent, sino que agues renunciat a la costuma.

13. Item, li predit senhor deuon tenir lor cort en la carrera maior de Laytora e no deuo judgar alcuna causa senes recort de prohomes de la meissa cioutat (2).

---

(1) L'exemption du droit d'albergue est presque générale dans les coutumes de la région, ainsi que dans les chartes des bastides (Cout. de Solomiac, de Mirande, etc., publ. par M. Bladé).

(2) Cet article, rapproché des nᵒˢ 21, 22, 33, 43, et principalement des dispositions de l'art. 52, d'où ressort toute l'étendue du pouvoir consulaire, dévoile le système d'organisation judiciaire établi par la coutume. Les seigneurs de Lectoure (le Roi, le vicomte et l'évêque, comme les mentionne l'art. 59), devaient tenir leur cour dans la grande rue et ne devaient juger aucune affaire sans record des prud'hommes de la cité; d'un autre côté, les consuls, qui eux aussi avaient leur cour, pouvaient rendre jugement en toute affaire avec le concours des jurats (art. 52); de là, quatre pouvoirs complètement distincts, et, dans cette seigneurie toute particulière, quatre coseigneurs. Aussi, dans nos archives (la série des hommages notamment), voyons-nous les consuls de Lectoure prêtant serment de fidélité au comte d'Armagnac, faire protestation « de « n'entendre par ledit serment préjudicier aux debvoirs qu'ils ont envers le roy « de France et évesque de Lectoure, cosseigneur de la dite ville pour une « quatriesme partie ». Mais ces quatre seigneurs justiciers ne sont que les exécuteurs des arrêts rendus par les prud'hommes ou jurats de la cité. C'est entre les mains de ceux-ci que repose tout le pouvoir judiciaire, l'ancienne ville romaine ayant toujours conservé ses droits de justice haute, moyenne et basse, tant au civil qu'au criminel, « merum mixtumque imperium bassamque et « altam juridictionem » (paréage de 1373-1377 avec le comte d'Armagnac. Arch. mun.). Il serait difficile de préciser, si tant est que les seigneurs ou leurs bailes dussent tenir leur cour en un local distinct de celui des consuls (ce qui s'induirait

14. Item, si algus cioutadas se clama d'algun autre ciutada, lo clament e aquel del qual sera feyta la clamor deuo fermar al senhor, laus e l'autre, e si fermar no podon, deuo lor fermar per lor meissors e per lors bes, fayt sagrament que no poden fermar per autre e que seguiran la causa a l'esgart de la cort e mustraran los bes; e aquel del qual sera feyta la clamor no deu fermar tro quel senhor l'a mustrat lo clamant, e si la demanda era de dines o d'autras causas moblas, solament que no sia de forsa o de violéncia, aquel del qual sera feyta la clamor pot auer totz sos dias costumals, so es assaber : dia per coselh, per avocat, e per guirent, e d'estiou, e per berenhas, per ferias; los quals dias avantz ditz agutz, pot auer sos autres dias costumals, so es assaber : de .viii. dias en .viii. dias. Empero si la demanda era de possessios o de honors, lo deffendent pot auer totz los preditz dias e plus dia per terragarda (1) e per dize contra la dita

des articles précités), quel était à l'époque de la coutume le lieu où se tenait leur prétoire dans la grande rue. Il est certain, toutefois, que chaque pouvoir avait sa place bien marquée, comme dans toutes les cités du moyen âge. Ainsi tout porte à croire que l'ancienne demeure dès barons de Pordéac, qui devint en 1591 halle et hôtel de ville, était, au temps qui nous occupe, la maison du Roi, et que là se tenait son baile. Les derniers vestiges de ces constructions du xii⁰ ou xiii⁰ siècle, aujourd'hui disparus, présentaient les signes les plus caractéristiques de la puissance féodale ; il résulterait même de certains documents que cette maison aurait été donnée par Louis XI, après la prise de la ville, au baron de Pordéac, en récompense de ses services. Le vicomte avait le château à l'ouest de la ville, l'évêque, le palais épiscopal au midi de la cathédrale, au milieu des cloîtres des chanoines. La cour consulaire siégeait à la maison commune, et là était la vraie cour de la cité : « La cort de la meyssa ciutat, so « es assaber del cosselh et dels prohomes, etc., etc. » (art. 2). Cette cour avait des droits supérieurs à la cour des seigneurs ; ils sont écrits dans les art. 1, 2, 7, 8, 48, etc., etc. ; et si de l'art. 52 découle pour le pouvoir consulaire la plénitude de la puissance judiciaire, il est facile de trouver dans les divers articles de la coutume des dispositions restrictives au pouvoir des seigneurs. — La maison commune, au xiii⁰ et au xiv⁰ siècle, était située, ainsi que les boucheries, en face de l'église Saint-Gervais, ayant au nord la grande rue, à l'est une petite rue latérale qui la séparait du cimetière et des petits mazets. Ceux-ci joignaient vers le levant les cloîtres des chanoines construits sur le côté méridional de la cathédrale. Ces constructions entouraient le palais de l'évêque, et leurs extrémités touchaient presque aux remparts qui, de ce côté, formaient de fortes défenses sur le front oriental de la ville (Arch. mun., *Livre blanc*, fol. 32, 33; et Inventaire de 1591, f⁰ 47).

(1) *Dia per terragarda*, terre gardée, message, fonction du messier (Lagrese-Fossat, *Cout. d'Auvillar*, p. 251).

terragarda, e pot auer o crezer tres guirens en tota la causa no a sino 1ª garda; e si la clamor era de violensa, lo defendent deu respondre al prumer dia si doncas la violensa no era de causa moable, el quals cas lo defendent deu auer dia per terragarda, sil demanda, aprop lo cal dia de terragarda deu respondre lo deffendent e ades ses tota dilacion.

15. Item, tot hom a cuy hom demandara ab carta en la cort dels senhors de Laytora o devant los bayles, si la carta es estada autreiada per aquel a cuy hom demandara, sia tengut de respondre mantenent al prumer dia si la ten per publica o per veraia o no, e no y deu auer plus dilacio sino que enpugnes la carta de falsetat o allegues pagua. E si no era autregada par luy, n'a dia par respondre e copia del acta, sino que aquel fos procuraire d'aquel que principalament auria la carta autregada.

16. Item, tot hom qui demandara en la cort dels bayles de Laytora o dels coselhs, jure sus los sans evangelis, al comensament del plait, que bona demanda e leial fara e vertadera, a son sen e a son scient, e que falsetat ni messonia no y aiustara, e que bos testimonis e leials i trayra o autras probacios, e quel playt al mays que puesca abreuiara, e menara ayssi son dreit mustran; e la part ques deffendra deu jurar per aquera messa maneyra, que veritat et loyaletat respondra e autreiara totas betz quel sia demandada, senes aiustament de mensonia, e que defugiment ni alongament ni dilacio de jorns maliciosament ni par lo playt alonguar no demandera, sino aquels quel seran necessaris tant solament a sa[s] deffensas mustrar, seguont los usadges e las costumas de Laytora (1).

17. Item, en tot plait, sia reals o personals, la demanda proe aquela part que a proar aura, lo prumer dia, sa entencion, si pot; e si no pot e vol autre dia, aia le, ab que jure sus los sans evangelis, qu'el a fayt leialment e diligentment son poder d'auer sas proansas e que no las a pogudas auer, e que leialament fara e procurara son poder que a l'autre jorn las aia; en aquesta maneyra fazen, pot auer entro tres jorns e no plus.

---

(1) Cette disposition se retrouve assez fréquemment dans les coutumes; c'était le serment de *veritate* (v. l'art. 21).

18. Item, totz hom que voldra reprobar e mal dire a testimonis de son adversari aia .ɪ. dia ses plus per dize contra testimonis, .ɪɪ. dias per proar so que dit auria contra testimonis, ab que fassa sagrament cum desobre es dit.

19. Item, totz hom qui aura pleyt en la cort dels senhors de Laytora, si mentan sos testimonis, e ditz que no bolon venir per sas pregarias e requer compulsion, que hom los destrenga a far venir, tant solament en causas civils ; e en causas criminals, que lo coselh los costrenga a far venir deuant lo senhor e far jurar de portar testimoniadge; empero asso s'enten tant solamens sils testimonis son ciutadas de Laytora, e que en algun crim que tocou, los senhos ni la cort no podon ni deuo algun home ni alguna femna (1) costrenher de far testimoni, si far nol volon, ni nulhs autre home, mas lo coselh ols senhos a la requesta del coselh.

20. Item, de la cort dels senhors ni dels bayles de Laytora nos deu nis pot algus hom ni alguna femna apelar, sino en .ɪɪɪɪ. cas, so es assaber : si los bayles o la lor cort las lors razos no layshavan escriure a lor escriua, e la segunda si donan tal enterloqutoria que obtinges o deffezes tot lo dret de la partida ; lo ters, si los bayles o lor cort, depuesc que seria renunciat e conclus el plait, no volian donar sentencia o menauan home per alonguament ; depuesc que .ɪɪɪ. dias n'agossan assignatz, de .ᴠɪɪɪ. dias en .ᴠɪɪɪ. dias la partida se poyria apelar, e aquel senhor que conoysheria de l'apel, que a luy fos cert de la deffaute dels bayles, puesca e deia conoysser e judiar del principal, els bayles en aquel cas no deuo auer algun gadge de l'appellant ; lo cart cas es apres la diffinitiua sentencia, e pot se apelar lo condenpnat ol greuiat, sis vol, en la dita sentencia, e deu se apelar lo meteys dia e deu fermar a seguir l'apel, si pot, o jurar quel segra e

(1) En matière criminelle, la coutume de Condom n'admettait pas témoignage de femmes, s'il n'y avait pas témoignage d'hommes. Contre le témoignage d'un homme digne de foi il fallait le témoignage de deux femmes, et encore « si las femnas eran de bona fama e de bona vita, donas de lor ostau, maridadas « o vezoas, o puncelas e no sirbentas e que fossan majors de xx ans (Cout. de Condom, art. 146, publ. par M. Parfouru, *Musée des Archives départementales*, p. 262).

que no pot auer fizansa, e de redre las messios e de deffar e
de complir la execucion de la dita sentencia principal, si es
vencut el plait de l'apel e la conoyssensa de la cort dels senhos
de Laytora, e pagar las messios del principal e de l'apel; en
autra guiza, si l'apellans de la cort no deu esser escoutatz ni
auzitz, ny s'en deu retardar procès ni exequcio; e si l'apelans
no ferma per fermansas sufficiens las causas desus ditas als preditz
senhors, deuo esser mustratz tant dels bes mouables e no mouables
de l'apellant que valhan be lo principal e las messios de que
sera appellat, entro que sia con[e]gut per lo judge de l'apel
si a be o mal apellat; e si l'apellant no seguis son apel dintz
.XLI. dia, que caia de l'apel e sia costret del principal, salvas sas
leials excusacios (1).

21. Item, totz hom qui avocara o razonara deuant los bayles
ni deuant lo coselh de Laytora, sia tengut de jurar (2) al comen-
sament del pleyt, que be e leialment acoselhara la sua partida
e que vertat e leialtat dira e metra auant per luy a son sen
e a son escient ses mesonia e ses falsetat; e si conoyshia que
la sua partida calumpniosament ni contra dreit demandes ni
deffendes, que laysharia lo captenh el patrocini en aquela causa
que li auria promes; empero so que segret auria ausit de sa

<hr>

(1) Ces diverses règles de procédure (de l'art. 14 à l'art. 20) se retrouvent
dans les coutumes du Castéra-Bouzet, en Lomagne, rédigées en 1300 sous
Hélie de Talleyrand, et dans celles d'Auvillar; au reste, ces dernières ont plus
d'un trait de ressemblance avec celles de Lectoure, même par le style. Elles
diffèrent toutefois sur certains points importants; ainsi les appels de la cour
d'Auvillar se portaient devant le vicomte, ceux des cours de Lectoure devant
le sénéchal de Gascogne « ses tot meian », le roi de France ayant la cosei-
gneurie; la coutume d'Auvillar, malgré les établissements de Philippe-Auguste
et de saint Louis, admettait l'épreuve du duel judiciaire, celle de Lectoure
n'admettait que des titres, le serment, la preuve par témoins. Il est vrai que
cette épreuve du duel n'était que facultative; il en était de même à Condom,
« si las partidas per voluntat se volon combate, la batalha hi es...»; ici cepen-
dant nous voyons qu'en certains cas le duel est inévitable, « si ses meian lo
« desmente el cas era atals que batalha hi cabos, la batalha se deu far...»
(Cout. de Condom, art. 44, *Musée des Archives départementales*. — Cout. du
Castéra-Bouzet, *Hist. de Gasc.*, t. VI, p. 94. — Cout. d'Eauze, de la Sauvetat,
publ. par M. Bladé).

(2) Serment de *veritate* et de *calumnia*.

partida, segret o deu tenir, e no deu acoselhar l'autra partida segont la dita costuma (1).

22. Item, totz hom qui aura pres loguer o donat son captenh a partida que aia a plaideiar deuant la cort dels senhors de Laytora o dauant lo coselh, que sia fora del coselh (2) dels bayles e dels coselhs cant ad aquela causa, que no puesca esser cort ni coselhador de la qual aura pres loguer o fayt convenct, e si esta el coselh seladament e no s'en hieys e no s'en part, coste le .xx. sols de morlas, los quals sian donatz e aplicatz als senhors si peca en la lort cort, e als senhos e als coselhs si peca en la cort dels coselhs, la que sia cert als senhors en tant cant a lor toca, e als coselhs en tant quant a lor toque, dit prumerament per lo senhor e per lo coselh : que s'en parta si n'i a algus aital (3).

23. Item, nulhs (4) ciutadas de Laytora nos pot clamar d'algun apanat d'algun autre ciutada del meys loc, senes requesta del senhor d'aquel appanat.

24. Item, si algus ciutadas de Laytora entendia si esser agreuiat d'algun judgament o d'alguna sentencia o d'algun autre greugh de la cort dels senhos de Laytora o de lors bailes, se deu apelar al senhor senescalc de Gascunha o a son loctenent, ses tot meian, e no d'aqui en ios (5).

25. Item, sil senhor vescomte de Lomanha per auentura auia guerra o contrast ab algun son bezi, e requeria al coselh e a

---

(1) *Captenh el patrocin...* droit que le client payait au défenseur, qui, de son côté, s'engageait envers lui pour soutenir le procès « qui aura pres loguer « o donat son captenh a partida... » (art. 22).

Captein, droit que les vassaux paient au seigneur pour la protection qu'ils en reçoivent, *captenium* (Roquefort).

(2) *Coselh* est pris ici dans le sens de conseil.

(3) Il y a quelque chose de solennel dans cet avertissement du baile ou du consul, jeté du haut de son siège dès le début de l'audience : « Que s'en parta « si n'i a algus aital ».

(4) Variante *algus* (vidimus de 1448).

(5) Cet article, qui traite de l'appel, s'applique évidemment à tout jugement rendu par la cour, soit des bailes, soit des consuls. La Cour des consuls, qui a conservé les droits de justice civile et criminelle jusqu'en 1789, ressortit, après l'union de la ville à la couronne de France, au parlement de Toulouse. Pour les règles de l'appel, voyez art. 20 et 57.

la universitat de Laytora que l'aiudessan el seguissan ab armas, lo predit coselh deu requerir l'enemic e l'auersari del meys senhor vescomte tres betz, de .VIII. dias en .VIII. dias, qu'el estia el recepia dret per esgart de cort cominal de lor o de lor sobiran; e si aquel enemixs o adversaris vol far e recebre dret aissi cum dit es, li predit coselh e universitat non son tengutz de seguir ab armas lo dit senhor vescomte. Empero si lo dit enemixs o adversaris no volia far dret e recebre en la maneyra desus dita, lo predit coselh e universitat deuo anar e seguir ab armas lo predit senhor vescomte ayssi cum lor senhor, empero sotz tal forma que lo dit senhor vescomte deu auer companhas ab lasquals lo predit coselh e universitat puscan anar saubs e segurs a son poder; e deuo lo seguir lo prumer dia ab lor proprias despensas; el dit senhor deu los tornar aquel meys dia dintz lo vescomtat de Lomanha; e si plus los tenia, deu lor far tota lor messio del prumer dia enant (1); el dit vescomte deu prometre als co-

(1) C'est en vertu de cette clause que le peuple de Lectoure, étant allé prêter main-forte au comte d'Armagnac, Jean Ier, contre les Anglais, devant Aiguillon, reçut l'indemnité du service militaire : « Johannes, Dei gracia comes Armaniaci, « Fesensiaci et Ruthene, vicecomesque vicecomitatum Leomanie et Altivillaris, « locum tenens domni nostri Francorum Regis in tota Lingua occitana, thesau- « rario Regis vel ejus locum tenenti salutem : Attendens solicita et benevolenti « affectione quam dilecti nostri et fideles et universitas Lectore habent de « presenti et acthenus habuerunt ad servicium Regis et nostrum faciendum « et quod per nos mandati et rogati ut venirent ante Aculeum (Aiguillon), ubi « inimici dicti domini nostri Regis venire proposuerant et jam venerant usque « ad Castrum Mauronem (Castelmoron) pro debellando nobiscnm ; qui consules « Lectore venerunt ad nos cum honorabili comitiva hominum' armatorum et « peditum pro resistendo dictis immicis ; et attendens expensas per ipsos factas « in veniendo cum honorabili comitiva, sex viginti lib. turon., in aliquali « recompensatione expensarum et serviciorum predictorum, eisdem dedeiimus et « donamus per presentes ; mandamus vobis et precipimus quatenus dictis consu- « libus et habitantibus sex viginti lib. turon. tradatis et solvatis visis presen- « tibus indilate... »
Datum ante Aculeum (4 juin 1354), (suivi du sceau d'Armagnac, aux sorciers). (Bibl. nat., titres scellés de Clairambault, t. 136, pièce 2341. Communiquée par M. Paul La Plagne-Barris à M. Camoreyt, secrétaire de la mairie de Lectoure).
Le siège d'Aiguillon, où « eut le plus biel host et le plus biau siege que « on ewist » (Froissart, t. I, § 341), avait été levé par les Français à la nouvelle du désastre de Crécy (26 août 1346). Le comte d'Armagnac, lieutenant du Roy en Languedoc, après avoir battu les Anglais en Rouergue, se prépare à remettre le siège devant cette place au commencement de l'année 1354. Il est

selhs e a la universitat de la dita vilâ que lor portara guirentia
del senhor sobiran, asso es de tot (1) depòrtament d'armas e de
tot dampnadge donat a l'enemic o adversari. del dit vescomte; e
asso es assaber .iii. vegadas l'an (2).

26. Item, si li predit coselh e universitat auian guerra (3)
o contrast ab algunas personas, el dit senhor vescomte venia a
Laytora per aiudar lor, li predit ciutadas lo deuo tenir venda
coma lor bezi, ab bonas penhoras quel dit senhor meta al
vendedor, las quals penhoras deuo valer lo tertz dier plus que
la causa comprada; e si las ditas penhoras no auia soutas lo dit
senhor dauant lo cap del mes, aquel que las auria recebudas

---

averti que. l'ennemi se réunit à la Réole pour venir l'attaquer (21 mai). Les
Anglais doivent passer par Castelmoron; on craint pour Agen. (Archives com-
munales d'Agen, série BB.).

On peut aussi rapprocher de cette même clause l'article 1er des privilèges et
coutumes des nobles de Lomagne, confirmés par Jean IV d'Armagnac en 1428,
et antérieurement par Bernard, son père, en 1391 (Monlezun, *Hist. de Gasc.*,
t. VI, p. 22).

(1) Variante : « e non de tot autre deportament » (vidimus de 1448).

(2) On trouve dans beaucoup de chartes ces mêmes dispositions relatives
à la réglementation du service militaire « la Ost »; mais ce qui paraît moins
commun, c'est de voir des citoyens s'ériger en tribunal supérieur pour régler
le différend qui pouvait exister entre leur seigneur et les seigneurs voisins.
A Lectoure, ce n'était que dans le cas où ces derniers refusaient l'arbitrage
de la commune, que les consuls et l'université étaient tenus de prendre les
armes. Le commencement de cet article, rapproché des articles 1 et 2 de la
coutume, ainsi que de l'article 26 qui suit, prouve, autant que la plénitude du
pouvoir judiciaire, un droit antérieur à l'établissement du système féodal qui
avait nécessité les paréages et amené le recours aux puissants. Ainsi, d'un
côté, si les seigneurs de la cité avaient guerre entre eux, les tours et les
forteresses étaient remises aux mains des consuls, et si les intérêts de la
seigneurie de Lectoure étaient en jeu, c'était la cour des prud'hommes qui
devait en connaître; de l'autre, si le vicomte avait à guerroyer contre un ennemi
voisin, cette même cour des prud'hommes, avant de déclarer le pacte d'alliance,
s'établissait en arbitre, et, lorsque le vicomte venait en aide à la communauté
en cas de guerre ou contestation « ab algunas personas », on ne lui reconnaissait
pas le droit de prise ou prêt forcé, on ne lui faisait même aucun crédit : « lo deuo
« tenir venda coma lor bezi ab bonas penhoras ». Auch et Condom, deux villes
voisines, étaient régies par des règles différentes et entre elles tout à fait
dissemblables. Auch était exempt de l'ost, « *non tenentur exire cum armis...* »
(Cout. d'Auch, *Hist. de Gasc.*, t. VI, p. 66). A Condom c'était l'opposé : « lo senhor
« d'Agenes a ost els homes e en la viela de Condom, quant ost se fe » (Cout.
de Condom, art. 3).

(3) Droit politique de guerre ou de paix.

las pot vendre e alienar d'aqui en la a son profieyt e greug del senhor.

27. Item, los establimentz feyt per los coselhs de Laytora e per los bailes an valor e fermetat per totz temps (1).

28. Item, algus dels senhors de la ciutat de Laitora ni lors bayles ni lors companhas no podon ni deuo metre ni pausar ban sobre alcus bes de alcun ciutada o ciutadana de la dita ciutat en alcun cas, sino que li ben d'aquel ciutada o ciutadana fossan encoregutz per murtre o per autre cas, e la doucs deuo esser pres los ditz bes per los ditz senhos e per lo coselh de la dita ciutat. Empero si algus ciutadas o ciutadana de la dita ciutat per plaga o per qualque autre malefici o per deshobediencia defalhia a dret, que no volgues venir ni comparer deuant los ditz senhos o deuant lor cort, li dit senhor podon bandir e penre los bes d'aquel defalhent tro que sia vengut e fassa dreit; e la donx deuo esser desbanditz. E si per auantura en autre cas, los ditz senhors o lors bayles o lors companhas metian ban, tant tost cum ne serian requeregutz per aquel o per aquela ciutada o ciutadana de Laitora de cuy serian li dit be banditz, o per lo coselh del dit loc, li auant dit senhors o lors bayles no deuo estar e movre lo dit ban ; e si no o fazian, e aquel e aquela de cuy serian li dit be l'en ostava o usaua els ditz bes, que no fos tengutz de gatge ni de pecha per razo de ban trencat.

29. Item, es costuma e usadge e franquesa en la ciutat de Laytora, que li ditz senhors de la meyssa ciutat ni lors bayles no an gadge de defaulta sobre alcuz ciutadant ni habitant de la dita ciutat, si citatz deuant lor no comparon ; mas si no comparon, la que sian citatz deuant lor, li dit senhors los podon costrenher per penhoras de lors bes, tant entro que venga per deuant lor; e si bes no auian en que poguessan esser destreitz, per prenement de lors cors.

30. Item, li siruent dels auant ditz senhors no podon ni deuo prener alcun salari d'alcun habitant de la dita ciutat per citar ni per penhorar (2).

_____

(1) Droit de législation.
(2) Ajoutés à la suite de la ligne et d'une écriture différente ces mots:

31. Item, li auant ditz senhors ni los bayles no podon ni deuo metre siruent ni hostages ni basto senhoril sobre los bes ni en l'ostal (1) d'alcun ciutadant ni habitant de la dita ciutat ni de las apartenensas, per deute ni per obligacion per lor meissor, ni a la requesta d'autruy, se no que especialment issia obligat.

32. Item, es costuma e usadge en la dita ciutat que alcus habitans de la dita ciutat ni de las apartenensas, no es sosmes ni subiugat ad algun judge ordinari o ordinaris dels senhors de Laytora ni d'algun de lor, coma judge sober principal ni sober apel ; mas si contrast es enter alcus dels ditz habitantz, li baile dels auant ditz senhors son los judges ordinaris e deuo auzir los plaitz e defenir e determenar segont las costumas de la dita ciutat e per la cort de la meyssa ciutat, e dels enant ditz bayles per apel es lo resort del senescauc de Gascunha de dreit en dreit ses tot meyan (2).

33. Item, totas las pechas e condepnacios que venon ni s'apar-teno al cossolat de Laytora e son judgadas e conogudas per lo coselh del meys loc de Laytora, e totz los encorrementz endeue-nentz en la dita ciutat ni en las appartenensas, de murtre o de larronia o d'autra causa qual que sia, deu benir a la man del dit coselh e per lor esser treitz e departitz als senhors e a la viela e ad aquels a cuy s'apartanen segon que desobre es declarat (3).

34. Item, es costuma e franqueza en la cioutat de Laitora, que tot habitant de la dita ciutat e de las apartenensas pot comprar sal en tot loc on a luy plaira e portar e far portar, peadges degutz pagan a la dita ciutat, o aqui on a luy playra e al mellis que

---

« dedins los murs els barris de la villa » (ms. de 1343). Le vidimus de 1448 porte l'article ainsi rectifié.

(1) Maisons, appelées *ostiex* dans le nord, *houstals* dans le midi (A. Monteil, *Hist. des Français*, t. I, p. 106 et 108 ; épitre XLII, et les notes).

(2) Cet article vise spécialement les juges ordinaires, que les seigneurs pouvaient tenir en Lectoure pour juger les causes qui étaient en dehors de la-dite seigneurie. Au surplus, voir l'art. 24.

(3) « Tiennent (les syndic et consuls) de toute ancienneté la juridiction « haute et basse et moyenne ayant cognoissance de toutes causes et matières « criminelles et civiles avec le prouffit de la tierce part des amondes et confis-« cations qui sont adjugées en leur court, etc., etc. » (Série des hommages et dénombrements des biens et droits de la ville et cité de Lectoure; Arch. mun., série AA).

poira, vendre, o cambiar, e far sas voluntatz, alcun establiment de terra o de principit no contrastan.

35. Item, algus habitans ni abitairitz de la dita cioutat ni de las apartenensas ni autra persona aqui auent heretadge, no es tengut de pagar pecha ni ley (1) per servici ni per oblias que fassan a mason d'orde ni de religio ni a gleysa per fius que tenguan de lor, mas tant solament lo servici o las oblias, la que lor sia demandat per aquels a cuy las ditas maizos e gleysas se regardan gobernadoras (2).

36. Item, si alcus ciutadas de Laitora se clama als senhors del meis loc, d'alcun habitant en Porta cluza, de la cadena enjus, lo dit habitant no deu pagar mas .xx. dines morlas si es vencut per clamor, la qual clamor es del dit senhor vescomte, lo cal senhor vescomte o son baile pot e deu ausir la causa ses los autres senhors e determenar. E si algus dels autres ciutadas fazia clamor d'algun habitant en Laytora, so es assaber de la carrera de Pericer et de la carrera de Wilhem Bertrand ensus, los ditz habitantz en Laytora ne deuo pagar mas autres .xx. dines morlas per clamor si aquel de cuy seria feyta la clamor era vencut, la cal clamor deu esser del Rey e del capitol, e lors bailes deuo auzir la causa e determenar ses los autres senhors.

E si alcus se clama a la dita senhoria d'alcun habitant, de la dita cadena de Porta cluza entro a las preditas carreras de Pericer e de Wilhem Bertrand, lo meis habitant, si era vencut, deu pagar a la dita senhoria, so es assaber del Rey, del Vescomte e del Auesque .v. sos de morlas per la clamor, la qual causa tut li predit senhor deuon auzir e determenar (3).

---

(1) *Pecha*, amende prononcée par jugement ou arrêt de condamnation. *Ley*, loi, peine pécuniaire fixée par la loi (Roquefort).

(2) Voir articles 64 et 73.

(3) Cet article établit dans la ville même trois bans seigneuriaux parfaitement distincts. Le premier, dit de *Portecluze*, formait la partie comprise entre lo château, les remparts du nord et du midi et les rues qui, de la porte Capdemasse (plus tard des Carmes) d'un côté, et de la porte du fourn (de Matabiau) de l'autre, allaient joindre perpendiculairement la grande rue au point où se trouvait la chaîne. On connaît l'usage des chaînes au moyen âge. « Les chaînes qui étaient « fixées au coin des rues étaient tendues ; des lanternes étaient placées à « l'extérieur des fenêtres, et les bourgeois du quartier veillaient à chaque

37. Item, si algus o alguna cioutadas de Laytora o ciutadana desanaua o moria ses testament o ses heret o ses algun parent o cozi, li senhor del meys loc deuon recebre e tenir los bes d'aquel, e deuo metre los ditz bes en salvagarda ad algun prohome ciutada del meys loc, lo cal deu tenir e gardar los meys bes .i. an e .i. dia; e si dedintz lo cap del an e .i. dia no ve o no apareys alcus o alcuna del parentagge del dit deffunt, li predit be deuon esser encors als ditz senhors.

38. Item, cascus dels habitantz de la dita ciutat pot far forn en son hostal obs de coze son propi pa, el pot prestar a son vezi o ad autruy, solament que loguer o mandage no prenga; e sin prenia loguer o mandadge, que sia tengut de pagar als senhors .LXV. sols de morlas de pena.

39. Item, li senhor de la dita cioutat deuo auer una betz cada an de cascuna mazo que es dens la meyssa ciutat en la carrera maior, exceptat el loc apperat de Laytora (1), o en las autras carreras myanseras que son dejus, i. dine morlas per cada astat de cara (2) de capcazal, exeptat maisos de francalesas. E totz hom qui ten mazo capcazalera deu tenir escut e lansa e espaza e cofa

« carrefour pour défendre l'accès de leurs maisons ; ce genre de guet tomba en « désuétude avant le règne de Louis XIV, qui fit enlever dans les villes les « chaînes de fer encore scellées au coin des rues... » (A. Babeau, *La ville sous l'ancien régime*). Le terrier de 1491 (Arch. mun.) qui divise cette partie en deux quartiers, Reilhas au nord, Constantin au midi, la grande rue servant de ligne divisoire, rappelle encore la désignation antérieure « en la mytat de Portacluza ». Le second ban s'étendait des rues de Guilhem Bertrand (plus tard Porte-Neuve) et de Pericer (Sainte-Claire), jusqu'aux remparts de l'est ; il a formé les quartiers de Corhaut au nord, et de Fontélye au midi, la grande rue formant toujours ligne divisoire. C'est dans ce dernier quartier de Fontélye que se trouvaient les maisons du chapitre, les cloîtres, le palais épiscopal, la cathédrale. Cette seconde circonscription semble porter dans la coutume le nom de « Lectoure », les énonciations de l'art. 39 qui suit, ne nous permettraient pas d'en douter « exceptat el loc aperat de Laytora ». Le troisième ban était compris entre les deux premiers ; il a formé plus tard, de chaque côté de la grande rue, les quartiers de Guilhem Bertrand jusqu'aux remparts du midi, et de Marès jusqu'aux remparts du nord. Les désignations de ces divers quartiers ne paraissent pas être antérieures à la fin du XIVᵉ siècle (Arch. mun., *Livre blanc*, fᵒ 33).

(1) Ces mots doivent être lus comme mis entre parenthèses.

(2) *Astat de cara*. Le vidimus de 1448 porte *estat de cara*. Ce serait toujours une mesure linéaire de façade ; *aste* ou *haste*, broche de bois, manche, bâton (Roquefort). Ne serait-ce pas la canne ?

punta (1), las quals armas deuo auer e tenir a la requesta dels preditz senhors per gardar la dita cioutat.

40. Item, totz hom e femna que aia mazon capcasalera pot bener o alienar o dar a fius aquera maiso, que no es tengut de representar a la dita senhoria la dita venda el dit affiuzament (2).

41. Item, cascuna de las maizos capcasaleras e las autras francas e servicials deuo reffar lo mur de la dita cioutat, a lor apartenentz, si cazia lo dit mur, ab los parcers; els capcazales podon esser obres; e quan a las mazos e mazo sobirana couenda a pagar .i. dine morlas en la dita obra, la maizo meiansera deu pagar .iii. poges (3), e la maizo iusan .i. morlas, e la senhoria deu penherar e costrenher los senhors de las ditas maizos per pagar so que la dita obra costara.

(1) Armes de ville : épée, lance, arc ; armes de village : hache, fauchon, épieu, targe ou rond de panier de tremble (Monteil, *Hist. des Français*, vol. 1, épitre XLII, et les notes).

(2) De ces deux art. 39 et 40, auxquels on peut ajouter les numéros 49, 64, 65, 73, 79, résultait le droit pour la ville de Lectoure et les habitants de posséder les biens franchement, allodialement, et le pouvoir de bailler à fief comme seigneurs directs. L'art. 39 révèle deux catégories de biens : ceux de franc alleu, *prædia franca, libera*, « francaleses » ; ceux soumis à un certain cens, « capcasalers » ; encore ces derniers, à la différence des censiers ordinaires, peuvent-ils être aliénés, vendus ou baillés à fief, affranchis de toute dénonciation et de tous droits seigneuriaux, notamment de lods et ventes, envers le seigneur propriétaire primitif (art. 40). Les fiefs provenant de ces deux tenures sont désignés plus bas (art. 41) sous le nom de *serviciales*, c'est-à-dire frappés de toutes les charges des baux à fief, rentes foncières ou contrats emphytéotiques. Au sujet de ce droit de capcazal sur les maisons, un inventaire de Charles VII, dressé en 1497, porte « certains droits appelés capcasaux que anciennement, ès « temps des comtes d'Armagnac, estoient levés sur certaines maisons de la ville « de Lectoure qui avaient regard sur rue » (Oihénart, n° 53, t. CIX. — *Revue de Gascogne*, t. XXI, p. 14). En 1635, les syndic et consuls de Lectoure eurent à produire leurs titres de directe devant les commissaires royaux, qui rendirent sentence de maintenue, prononcée à Condom par Scipion Dupleix, un des commissaires, le 30 juillet de la même année. Parmi les motifs adoptés, on lit « que les consuls et habitants étant en principe vrais seigneurs hauts justiciers, « il fallait qu'ils fussent eux mêmes francs de fiefs ; le droit de haute justice « étant bien plus important, qu'exemption de fiefs et possession de franc alleu ». Un arrêt du parlement de Toulouse, du 13 décembre 1495, avait reconnu la ville de Lectoure exempte des taxes de franc fief et de nouveaux acquêts et déclaré que tous les émoluments communs appartenaient à la ville (Arch. mun., série FF, et Inventaire de 1591, f° 20. — Conf. art. précités et les n°s 2, 3, 4, 8, 68, 60, 71 des établissements. — Cout. de Condom, tit. *De fius*).

(3) *Pogès*, monnaie du Puy.

42. Item, alcuna femma o alcuna molher, depuys que son pay l'aura maridada, no pot domandar re els bes o en la heretat del dit son pay outra la dot que l'aura donat o promes, sino ac fazia per razo de tornaria (1), so es assaber : sil dit son pay e li autri filh o filha del meys pay eran mortz, o que las causas de lor fossan alienadas per lor o per autruy, el cal cas pot aquelas causas vendudas retenir per razo de tornaria per cemblant pretz quel autre y dones o y presentes, e asso ses tot frau; o quel meys pay l'aguessa fayta heretera, o certa causa layssada, o donacio en causa de mort fayta enter viuos : e asso meys es entendut, si la may l'auria maridada sa filha de sos bes, que aquela filha ni siou sucessor no podon domandar re plus, sino per razo de tornaria o dels preditz cas, segont que dit es.

43. Item, si als coselhs de la dita ciutat se rancura alcus ciutadas o alcuna ciutadana del meis loc, li senhor deuon prene aquel o aquela a la requesta del dit coselh, el meis coselh aperat de prohomes de la meyssa cioutat deuo judiar aquel o aquela, e apres li dit senhor deuo lo justiciar aquel o aquela e complir ecxeguir lo jutgament del dit coselh ses tota dilacio, a la requesta del dit coselh (2).

44. Item, si algus ciutadas de Laitora compra alguna bestia per son servir o per son espleyt, o alcuna autra causa mangadora, no es tengut d'autre recebre en parcerer ni en partida quant a las ditas crompas.

45. Item, si algus dels ciutadas de la dita ciutat es pres en alguna de las presos dels senhors de la dita vila, no deu pagar torradge ni presonadge, sia pres a tort o a dret; ni home estrani si era pres a tort (3).

_____

(1) *Tornaria*, retrait lignager et successoral (art. 69).

(2) Les consuls étaient saisis par la *plainte* (rancura), les seigneurs par *clameur* (clamor). Cet article prouve encore le paréage de la ville avec les seigneurs. Ceux-ci doivent prêter main-forte aux consuls, soit pour la poursuite des coupables, soit pour l'exécution des jugements (art. 53).

(3) Cette question était jugée suivant les coutumes. Sous l'ancienne législation, les geôliers, pour se couvrir des droits de garde et dépenses, obtenaient des lettres exécutoriales sur les biens du prisonnier ou sur ceux de celui qui l'avait fait arrêter, tant en matière civile que criminelle. Ils ne pouvaient plus retenir la personne même du prisonnier depuis l'ordonnance de 1549 (arrêt

46. Item, si alcus o alcuna porta cambis o alcuna autra mercadaria a l'obrador o a la taula d'algun autre ciutada de Laytora, li senhors de l'obrador o de la taula no es tengut de recebre parcerer el dit cambi o en la dita mercadaria.

47. Item, si li senhors de la dita ciutat meton o pauzan baile o alcus de lor en la dita ciutat, el dit baile deu jurar al cosselh de la meyssa ciutat que lor sia bos e leials e fizels e hobediens (1), e que lor secretz no reuelara ad alguna persona, e que los habitantz de la dita vila gardara de tort e de forssa de si meys e d'autruy asson poder, e que lor seruara e lor gardara lors fors e lors costumas e lors usadges ancias e obtengutz en la dita ciutat.

48. Item, li preditz senhors ni algus de lors companhas no deu prene algun frut ni alcuna autra causa d'alcun ciutadan de Laytora senes sa voluntat, e si ac faze, lo senhor o lors senhors son tengutz e ac deuo emendar al dit ciutada, la tala el dampnadge, a l'esgart del coselh e del autres prohomes, si coselh no auia (2).

49. Item, si dos ciutadas de Laytora tenon fious d'algun autre ciutada d'aquel meis loc e per razon d'aquel meis fious auian constrast, li dit fiuzaters entre lor, deuant lo senhor del meys fious, ne deuo far dreit e recebre e no deuant autre senhor, sino o fazian per apel deuant la cort dels senhors de la dita vila (3).

50. Item, la universitat el cominal de Laytora pot e deu elegir cosselhs ol meys coselh autra coselh successioument ab voluntat del dit cominal, aperat prumerament lo dit cominal ab corn o ab trompa, e en apres, auantz que li dit cosselh sian mentangutz, deuo esser demustratz als predits senhors o a lors bailes, li quals senhors o lors bayles deuo confermar lo meys coselh senes tot perlongament, e si far no o volian, quel coselh pogues elegir gardas e que poguessan trese pechas acostumadas (4).

---

de la Cour des aides de Montpellier, 18 février 1617, rapporté dans d'Espeysses, t. I, p. 712).

(1) *Ben obedientz* (mots ajoutés au ms. de 1448).

(2) Voir art. 13 et la note.

(3) Voir art. 39 et 40 et la note.

(4) L'élection consulaire se faisait au suffrage universel, mais tous n'étaient pas indistinctement éligibles, comme on le verra plus loin. Pour cette grande assemblée, le peuple n'était pas appelé par la cloche du beffroi, mais à son de

51. Item, li dit coselh deuo jurar que be e leialment se auran en lor offici tant cant lor offici durara, e que gardaran be e leialment a lor poder lo dreit dels senhors e del cominal, e seran cominals als paubres e als rixs.

52. Item, quel dit coselh pusca far tot judgament en totas causas e far tot aquo que al poder ni a la senhoria del cosselh aparten; si nulh cas ni nulla fazenda si auenia que requeregues e que toques tota la cominaltat, puscan far ab juratz (1).

53. Item, las causas obligadas al coselh o determenadas per lor, lo [coselh] (2) las deu far tenir e mandar a exequcio.

---

trompe « ab corn o ab trompa ». Ici nous retrouvons encore la vieille tradition romaine. « C'est à l'aide de la trompe grossière du pasteur, que le héraut dans « les temps antiques de Rome appelait le peuple aux assemblées… ceux qui « sonnent de la trompe pour appeler les classes du peuple à l'assemblée des « comices, s'appellent *classici*. (Varron. — *Dict.* Daremberg et Saglio, verbo *Buccina :*

Buccina cogebat priscos ad verba quirites
Centum illi in prato sœpe senatus erat.

Properce, lib. iv, carmen I.)

Indépendamment du pouvoir judiciaire le plus étendu, comme l'indique l'art. 52 qui suit, les consuls avaient des attributions politiques et administratives, et leur plus grande prérogative était le droit de lever et de répartir l'impôt; elle leur fut maintenue par les rois de France, et Lectoure a toujours été reconnue pays d'État, seigneurie particulière et non soumise aux tribunaux d'élection (Arch. mun.) : « L'an mil iiiic e xxviii et en lo mes de may, foron *remessas* « *las talhas ordenarias e extraordenarias* per los *senhors cosselhs* del dit an e « am recort de algus jurats a Mosenh Bertran de Golart per la deguda deu « temps passat per los bes que ten que sa enre foron del noble Bertran de « Lauedan, per alguna cession a lu feyta per lo senhe de Fontanilhas, de l'an « mil iiiic et xxvi finit mil iiiic xxvii et del dit an mil iiiic xxvii finit mil « iiiic xxviii entro en la festa de sent Johan BBta prodan venent, et asso per « algus *servicis* e *plassès* que lo dit mossenh Bertran abia feyt a la universitat « et de mandamen dels dits cosselhs del dit an present ; jo Bernard de Cunho, « not. ordinari dels dits senhors, ey escriut asso lo segont jorn deu mes de « jun l'an dessus dit. De Cunholio ita est » (*Livre blanc*, fo 70 vo. Arch. mun.).

(1) Voir art. 13 et la note.

(2) [*Lo coselh*]. Ce mot est biffé dans le ms. de 1343 et remplacé par ceux-ci mis en interligne : « *El Bayle dels senhors* ». On a ajouté à la suite de l'article : « A la requesta dels dits cossolhs ». Cette rectification est de la même écriture que la précédente. Le vidimus de 1448 ne porte pas l'article ainsi rectifié. Ces diverses corrections peuvent avoir été faites après l'accord sur la justice entre la commune et le comte d'Armagnac, en 1373-1377 (doc. publié par M. Noulens dans *l'Hist. de la maison de Galard*). La commune cédait au comte la moitié de son droit de justice, haute moyenne et basse, le comte,

54. Item, li senhor de la dita ciutat no deuo citar ny mandar algun ciutada de Laitora defora la dita ciutat, tant cant lo dit ciutada sia aparelhat de far dreit e recebre dint la meyssa ciutat a coneguda de la cort del meys loc.

55. Item, li predit senhor no deuo prene alcun o alcuna ciutadana de Laytora per adulteri ses clamor de marit o de molher, d'aquels laicals clamors deu esser feyta ab cort; e si alcus o alcuna asinc era pres, lo dit adulteri deu esser proat per duas personas bonas dignas de fe o per plus e deu esser judgat per la cort del meys loc, la cal cort li bayle deuo menar e establir al loc on lo dit adulteri sera feyt (1).

56. Item, lo marit deu sa molher defunta sepelir del son propi del marit, e aquo meis deu far la molher al marit, sil marit no avia re de que poguer esser sebelit.

57. Item, alcuna appellacio feyta del senhor no val, sino que l'appellans ferme en la cort de perseguir la appellacio per ferman-sas o per sagrament, cum desus es dit (2).

58. Item, guirent no deu esser reçeubut, si no que ferme, estan en la cort, de portar la guirentia (3).

59. Item, li senhors de Laitora, so es assaber, lo Reys, el Vescomte, el Avesque (4), deuo auer de cascun mazerer de Laitora

promettait l'exécution des jugements. Toutefois on retrouve les mêmes disposi-tions dans les prescriptions de l'art. 43 qui précède.

(1) L'adultère n'était poursuivi que sur la clameur du mari ou de la femme, portée devant la cour. Il fallait que le flagrant délit fût constaté. Les coutumes et les établissements sont muets sur la peine. Dans certaines chartes de la Lomagne et du Fezensaguet, nous voyons appliquer une forte peine pécuniaire, et si les coupables ne peuvent payer, ils doivent courir la ville « *nudus cum* « *nuda* »; dans d'autres ils ont l'option comme à Auch, ou bien cette dernière peine est seule appliquée. Un arrêt du parlement de Toulouse, du 12 mars 1628, rejeta, comme contraire aux mœurs, la demande du seigneur d'Avensac qui en réclamait l'application, et déclara qu'il serait pourvu à la punition de l'adultère suivant le droit et les ordonnances (d'Olive, *Livre des arrêts*, chap. 1).

(2) Voir art. 20 et 24.

(3) Voir plus haut art. 14.

(4) Voir plus haut art. 13 et la note. Le sceau de la commune de Lectoure, au XIIIᵉ siècle, représentait les trois seigneurs : le roi, le vicomte, l'évêque, et portait en exergue : *Sigillum capituli Lectore* (com. par M. P. Laplagne-Barris). — Sceau du XIVᵉ siècle. Sceau rond 33 millimètres. Ecu au bélier passant.

... *A*..... *Consulu. Lector*... (quittance de 120 liv. tr. pour dépenses faites par les consuls de Lectoure pour le service du Roi devant Aiguillon. Agen,

.I. dine morlas per cada buon e per cada bacca e que seran bendutz els mazetz de Laitora, e de porc e de truega .I. chapotes, e d'autra carn no deuon re donar li ditz mazerers.

60. Item, lo capitol de Sent Geruasi ab lo rey e ab l'auesque deuo auer, lo dimege deuant la sent Miqueu de setembre el dimege aprop la dita festa, totas las paolhas dels porcz e de las truegas e la carta part del pietz del buou e de la bacca que seran vendutz els preditz mazels en aquels .II. dias.

61. Item, si alcus hom o alcuna femna eran acusatz de peadge panat, negaua aquel layronici, deure esser crezut per son sagrament; e si no vol jurar, deu pagar a la senhoria .LXV. sols de morlas per nom de pena e de ley; e si li dit senhor podon proar ab la cort de Laytora que aquel acusat ages confessat si no auer pagat lo dit peage, es tengut de pagar la dita pena.

62. Item, tot hom qui mustre terragarda (1) per si o per procurador, es tengut de dize .IIII. causas de las cals sin laysaua neguna no val la garda; so es assaber : que mustrara per cuy e a cuy e deuant cuy.

63. Item, sentencia donada per qualque .I. dels senhors de Laytora o per son bayle sober causa que deuant lui sera venguda per clamor o en autra maneyra, val ayssi cum si era donada per totz los senhors del meis loc.

64. Item, si algus ciutadas de Laitora vendia algus fius que tengos d'algus dels senhos del meis loc (2), e de tot ayso que sos bayles ne fassa ou autrege ou estanque, a e deu auer valor, exeptat a gleysa o mayson d'orde o de religio, la qual no pot receuer fius ni estancar, sino o fazia obs d'algun ciutada de Laytora, al cal lo laysses tant tost cum l'auria retengut (3).

---

sous le scel du consulat de Lectoure, 14 juin 1354. Clair. 2136, p. 2339. (G. Demay, *Inv. des sceaux de la collect. Clairambauld*, n° 5147, p. 541, t. I, *Doc. inéd.*).

(1) Voir art. 14 (plus haut) : « dia per terragarda o per dize contra la terra « garda... » C'était sans doute un gardien placé sur l'immeuble par le défendeur pour la conservation de ses droits pendant procès et fournir des renseignements (Voir cout. d'Auvillar, art. 87, par Lagreze-Fossat).

(2) Voir plus haut, art. 40 et la note.

(3) Cette exception de garantie vis-à-vis des personnes de mainmorte est générale dans les chartes (voir les dispositions formelles de l'art. 73).

65. Item, qualque ciutadas de Laytora que tenga fious d'autre, si vol vendre aquel fious (1), es tengud mustrar la venda e presentar deuant lo senhor de cuy mau, el meys senhor deu en pot auer .VIII. dias aprop la dita presentacio per auer cosselh si la voldra estancar la causa venduda ou autreiar la dita venda per lo semblant pretz que autre comprador y dona o y presentaua, o pot auer sagrament del vendedor que la venda fos feyta ses frau, sus l'autar de Sent Johan.

66. Item, si algus ciutadas de Laitora auia pleyt deuant los senhors de la dita ciutat o deuant algun, e no podia trobar captenh (2) o auocat, lo senhor lo deu donar dels auocatz que usan en la cort, e li predit ciutada deuo pagar aquel auocat razonablament a l'esgart dels senhors.

67. Item, cascuna (3) molher maridada no pot far testament de las causas dotals, si a effant de son marit, si no ac faze ab voluntat del meys marit; empero si auia alcus autres bes parafernals o quel fossan vengutz per escazensa, d'aquels pot far sa voluntat.

68. Item, si alcuna molher auia donat per nom de son dot a son marit dines o honors per nom de dines, si la molher mor fenit lo prumer an, la tersa partida d'aquel dot deu esser del marit; e si mor acabatz .II. ans, las .II. partz deuo esser del marit; e si mor completz .III. ans, tot lo dot entier deu esser del marit o temps per temps. Empero si la dita molher l'auia donada o honors o possessios, no feyta mencion de diners, d'aquet dot pot far la molher tota sa voluntat sino que agos filh o filha de lor enterams.

69. Item, si alcun ciutadan de Laytora auia comprada alcuna honor o possessio e apres eran vendudas, la tornaria d'aquelas causas se regarda als filhs o a las filhas d'aquel o a lors successors per dreita linha descendent (4).

70. Item, lo marit no es tengut de pagar los deutes de sa

---

(1) Voir plus haut art. 40 et la note.
(2) Voir art. 21 plus haut et la note.
(3) Variante : *alcuna* (vidimus de 1448).
(4) Voir art. 42, retrait lignager.

molher, sino que la molher sia mercadera o aia feyt los ditz deutes ab voluntat de son marit o al profieyt del marit.

71. Item, si alcus ciutadas de Laytora mor e layssa alcun leial hereter filh o filha, e desana aquel filh o filha senes heret leial o ses testament, los bes d'aquel deuo esser e se regardan als plus propdas parentz d'aquel meys, so es assaber ad aquel que seran deuert la part on li dit be seran vengutz e en deffauta d'aquels als autres plus propdas parentz.

72. Item, si algus ciutadas de Laytora desana ses filhs o ses filhas que no y laysses de leial matrimoni, no pot ordenar ni far testament ni codicilli ni per alcuna disposicio que fassa, que no sia tengut de layssar dels bes, que seran endeuengutz de son pay o de sa may o de qualques autres parentz, la quarta part al menhs al plus propdas parentz que aure, ascendens o descendens o collateraus, so es assaber, dels bes no mobles e ad aquels parentz que seran d'aquera partida on li dit be seran vengutz.

73. Item, alcus dels preditz ciutadas no deu pausar ni metre en man morta alcun fious que tenga d'autruy (1).

74. Item, si era contrast entre los preditz senhors d'una part els ditz ciutadas de Laitora d'autra sober alcuna costuma, lo cosselh del meys loc deu enquerre e cerquar bertat d'aquera costuma ab dels plus ancias (2) homes de Laitora dignes de fe ab sagrament de euangelis, e asso que ab aquel trobaran deu auer valor e esser judiat per costuma; e asso meys es si lo dit constrast era entre alcus dels preditz ciutadas, el cal cas, li preditz senhors ab la cort lor deuo cerquar enquerir de la dita costuma e de usadge, car del predit usadge es tengut de cercar lo cosselh, ab los preditz prohomes ancias (3) los preditz senhors, empero senes sagrament (4).

75. Item, alcus ciutadas de Laitora no pot penhorar autre per algun deute, armas ni drap de lieyt ni rauba de son cors, sino que fos fugitius o speciaument obligatz (5).

---

(1) Voir art. 40, 64 et les notes.
(2) Variante : *proas* (vidimus de 1448).
(3) Variante : *anticz* (vidimus de 1448).
(4) Cet article est bâtonné (voir la note sur l'art. 2).
(5) Ces dispositions sont presque générales dans les coutumes de la région :

76. Item, si algus ciutadas de Laitora aferma mesadge o siruent o siruenta e en apres lo vol gitar de si senes tort que no l'aia, tengut es lo senhor quel pague tota la soudada (1) quel aura promessa, sol quel mesadge la vulha seruir be e fizelment; e si lo mesadge o la sirventa se volian partir dels senhors senes razo ans que agos complit son temps, lo senhor no es tengud de pagar re de sa soudada, ni nulhs hom nol deu amparar dintz lo terme ou seria affermatz.

77. Item, si lo marit e la molher s'an donat alcuna causa entre lor per razo d'espozalici el temps del matrimoni fazedor entre lor, aquel que sobreviura deu tenir assa (2) vita la causa asi donada per nom que dessus, e aprop sa fin deu tornar als plus propdas parens d'aquel que espozalici aura donat.

78. Item, molher no pot domandar re els bes de son marit saub son dot e lieyt que portat l'aura, sino quel marit l'ac vulha dar en sa darrera voluntat o que remases prenhs de filh o de filha de son marit, el cal cas deu vioure dels bes de son marit tro que sia deliurada; e si no era prenhs, que de la messio que auria fayta sober los bes del dit son marit estant vesoa e regardat son dot loqual auria portat en l'ostal del dit son marit, satisfassa e sia tenguda de pagar a l'hereter del dit son marit a l'esgard e a la coneguda del coselh de Laitora o dels prohomes, si cosselh no y aue, si era pagada de son dot. E si li dit heretier l'auian presentat a pagar en autra maneyra, la dita molher aura sos obs dels bes de l'heretier entro que sia pagada de son dot.

79. Item, si alcus ciutadas de Laitora ten alcun fious (3) d'autre ciutada del meys loc, el meis fiouzater fa alcuna causa per razo de la cal sos bes deuon esser encorregutz a la senhoria e al coselh e al cominal del dit loc, li preditz senhors e coselh deuo vendre los bes d'aquel dintz .I. an e .I. dia, e si no ac fazian,

---

« *Excipiantur omnes panni, lecti et vestimenta et omnia ustensilia*, etc... » (Cout. d'Auch).

(1) Sodée (soudée), solde, paiement (Roquefort). Espagnol : *soldada*.

(2) Ce redoublement de lettres se retrouve assez souvent soit dans les coutumes, soit dans les établissements qui suivent; voir art. 80 et *passim*.

(3) Voir art. 40 et la note.

las causas fiusals deuon esser encossas al senhor o als senhors dels cals seran tengudas a fious (1).

80. Item, si alcuna partida en la dita ciutat ardia, e alcuna mazo per raizo del destenher aquel fuec sera darocada o trencada o destruita en tal maneira quel fuec no anes o no passes d'aqui enant, la dita maizo trencada deu esser emendada al senhor de cuy es per la vila; e si per razo del dit fuec destenher, d'alcuna autra maizo prenia hom vi, lo meys vi deu esser esmendat asson senhor, si la maizo en la cal lo dit vi seria remania salva; mas si ardia, lo dit vi no deu esser emendat, la cal emenda deu esser feyta per la universitat de la dita ciutat.

81. Item, si algus ciutadas de Laitora plaga autre e la plaga sia leial (2) en sia feyta clamor a la senhoria e a la senhoria sia cert e manifestat e a la cort, aquel que la dita plaga auria feyta deu pagar .LXV. sols de morlas al senhor per nom de ley o de pena e satisfar al plagat de sas despensas e sas messios, a coneguda del senhor e de sa cort. Empero si rancura n'era feyta al cosselh de part del plagat, lo plagant deu pagar per nom que dessus .LXV. sols de morlas al senhor o als senhors e. XL. sols de morlas al cosselh e .XX. sols de morlas al plagat e satisfar als meys plagat de sas messios e dels dampnadges que faytz o suffertz n'aura, a coneguda del dit cosselh o dels autres prohomes de Laitora e partir per lo dit cosselh (3).

82. Item, si algus ciutadas de Laitora feria autre el ferit ne fazia clamor al senhor, la quel seria cert al senhor e a sa cort per leials sabensas, lo firent deu pagar a la senhoria .v. sols de morlas per pena e satisfar au ferit del dampnadge que donat l'aura e de la onta, a l'esgart del senhor e de sa cort; e la cort deu senhor deu esser per totz temps en tot cas dels prohomes de Laitora (4).

---

(1) Cette disposition restreignait le droit du seigneur dominant ou justicier en matière de confiscation. Les biens du tenancier ne tombaient pas en son pouvoir, ce n'était que le prix; à cet effet, ils devaient être vendus dans l'an et jour après la confiscation et remis ès mains du seigneur direct.

(2) *Plaga leial, plaga legalis.* « Et appelam sang foiso tota naffra que sia « facha ab ferr o ab fust... » (art. 3, Cout. de Lafox, publ. par Ed. Cabié). Voir plus bas, art. 26, 70, aux établissements.

(3) Voir plus bas, art. 86.

(4) Voyez la note de l'art. 13.

Empero si de part del ferit era feyta rancura al cosselh, la que seria proat, lo firent deu pagar .xx. sols de morlas per nom de pena, dels quals la senhoria deu auer .v. sols de morlas, el ferit autres .v., el dit cosselh .x. sols de morlas, e asso si li be del ferit e del firent de cascun valon .xx. sols de morlas; e si li be de cascun no valion .xx. sols de morlas, lo firent no es tengut de pagar mas .v. sols de morlas, dels cals deu auer la senhoria .ii. sols de morlas, el cosselh autres .ii. sols, el ferit .xii. dines; e si los dit .v. sols no podia auer lo firent, que deu esser mes el fons de la tor (1) e aqui estar a tant tro que be aia comprat l'ecces que fait aura.

83. Item, si algus hom o femna auci autre o autra molher no degudament, lo murtrer deu morir la que cert sera, e totz sos bes deuo esser encors a la senhoria e al coselh de Laitora, en tal maneyra que la senhoria en deu auer .lxv. sols de morlas els ditz cosselhs .xl. sols e tot tant que plus i sera deuon partir sols per sols e liura per liura segont que desobre, sino que agues fait en cas forciu (2) e si deffenden o en autra maneira que pogues si escuzar, a l'esgart e a la conoyssensa dels cosselhs e dels juratz de Laitora.

84. Item, totz hom o tota femna, que sia cridat fora la ciutat de Laitora per murtre o per exses e estara .i. an bandit fora la vila, sia tengut per artent e tengut del fait, e totz sos bes mobles e no mobles encors als senhos e al coselh. Si empero lo banitz ve dint l'an es pot purgar e deffendre del crim, pague las messios que seran faytas contra luy; car se rendia suspettos e fugitious e crobe sos bes apres l'an, sis liura per son grat als senhos e al cosselh de la vila es pot deffendre del crim, [remanga en la vila] (3).

85. Item, si hom arde mazo o borda o talaua vinha [o verger] (4) o ardia blat escotissament, e que no fos trobat.qui auria faita la mala feyta, que sia esmendat cum en la terra es acostumat.

_____

(1) Il s'agit d'une peine prononcée par la cour des consuls. Le coupable était mis au fond de la tour; c'était sans doute la tour du beffroi de la maison commune du xiiiᵉ siècle. Voir la note de l'art. 13.

(2) Cas de légitime défense.

(3) Ces mots entre parenthèses ne se trouvent que dans le vidimus de 1448.

(4) O verger ne se trouve que dans le vidimus.

86. Item, can alcus hom o alcuna femna fara plaga leial (1) o mort e comettra negun autre crim capital, si s'en fugh, sian pres totz sos bes e fait enventari e mes en salvagarda, e sia la messio dels bes si n'ia, e sia seguit lo fugitious per los senhors e per los amixs d'aquel a cuy aura fayt lo dampnadge, entro que sia atentz e tornatz en la vila quil pot auer o trobar; e si el no a de bes de que far se puesca, sia fayt a la messio dels senhors e del coselh, e las messios sian partidas entre lor aysi cum los encorrementz son partitz.

87. Item, li notari can son creatz en la cioutat de Laitora, deuo esser examinatz e cercatz per lo coselh del meis loc si son de leial matrimoni ni son personas de bona fama ni sufficiens a l'offici, e si aquo troban deuo esser presentats al cominal e apres als bailes, e li bayle a la requesta del coselh e ab lo meys cosselh deuo los ades a recebre (2).

88. Item, li senhor el coselh podon, quantas vegadas lor plaira, falsas mesuras e fals pes cercar, e si o troban a neguna persona, aquel o aquela deu pagar .v. sols de morlas a la senhoria e al coselh, e la mesura deu esser trencada el pes yssament, e de las ditas causas deuon conoyshe li dit cousselh (3).

89. Item, si era compromes escriout o no escriout entre alcus dels ciutadas o estranis ab los ciutadas en arbitres, ab pena e ab sagrament o ses pena e ses sagrament sober algun contrast e domanda, e sober aquel contrast o demanda sia estat deffenit per aquels meys arbitres, cant per alcuna de las partz comprometentz sera cert ab lo cosselh de Laytora, quel meys coselh fassan tenir lo dit dels ditz arbitres, [dementre] (4) que a lor sia cert per testimonis o per estrument o autres leials documentz (5).

90. Item, de tot contrait o obligacio feyta per algun ciutada o per estrani al coselh de Laitora, li predit coselh puscan costrenher

(1) Voir art. 81.
(2) Les notaires faisaient aussi office de greffiers en la cour. Nous verrons plus loin un règlement de 1517 pour la taxe des actes du notaire ou greffier des consuls.
(3) Disposition restrictive au pouvoir des seigneurs. Voir note de l'art. 13.
(4) *Dementre* ne se trouve que dans le vidimus.
(5) Il résulte de cet article que seul le tribunal consulaire rendait exécutoires les sentences arbitrales.

aquel meys obligat e far la execucio a pagar la dita obligatio o prometio deuant lor feyta, e calque causa li predit coselh aian fayta o determenada que armagua totz temps en sa forsa.

91. Item, li senhor de la dita ciutat no deuo ni podon vedar blat ni vedar vi ni autras viandas mens de recort del cosselh e de la cominaltat de la dita cioutat, nil coselh e la cominaltat mens de voluntat dels senhors soberditz (1).

92. Item, alcus hom estrani no pot penherar autre estrani dintz la ciutat de Laitora ni en la pertenh per sa auctoritat en algun cas. Empero tot habitant de Laitora l'estrani per son deute pot penhorar en mercat e en autre loc dintz la pertenh de la dita ciutat, e l'estrani pot penhorar l'abitant de la dita ciutat per deute o per combent feyt en la meissa cioutat.

Las quals costumas e usadges longament aproatz e obtengutz en la cioutat de Laitora per los habitans del meis loc, nos Vescomte auant dit, segont que a nos es faita fe per nom e en la manera que desobre es dit et contengut, lauzan e aproan e conferman aquelas, en tant quant a nos es ni s'aparten coma obseruadas e obtengudas sa en derrer per los ditz habitantz, las costumas e usadges per nos et per nostres successors, volens et autreians valer e obtenir per totz temps fermetat, lo nostre sagel pauzen en pendent, en l'an de la Incarnatio de Nostre Senhor Diou, Jhesucrist, de .mccxc. e quatre, lo disapte apres la festa de sancta Quiteria, verge. Lo qual jorn nos arcebom sagrament de fizeltat de la universitat de Laitora e nos lor jurem tenir e gardar lors fors e lors usadges e lors costumas (2).

(1) Ces dispositions rappellent encore les paréages antérieurs avec les seigneurs de la cité.

(2) Voir le préambule de la coutume et les notes.

ARTICLES

INSÉRÉS ENTRE PARENTHÈSES A LA SUITE DES COUTUMES (1).

(Arch. mun., AA. 1.)

SOMMAIRE :

Art. 1. Vol d'outils ou d'instruments. — Art. 2. Vols de fruits par les gardes seront doublement punis; à la fin de leurs fonctions ils feront inscrire les contraventions ou subiront la peine du parjure. — Art. 3. Détournement de bois, branches de saules, paisseaux; peine. — Art. 4. Peines contré les charcutiers.

————

1. Item, si algus hom o alguna femna prenia o panaua alguna relha de alguna terra o aray, que fos dintz los dexz (2) e las pertenensas de la dita ciutat, senes voluntat d'aquel de cuy seria o de sa companhia, la que lo coselh ne seria cert, sia penut e sos bes encors a la senhoria e als coselhs.

2. Item, que si las gardas anan gardan e gardiegan, gastan ny prenon fruyta ni autras causas, sino passan que non metan en capayron (3), ni en fauda (4), ni autre loc, que pechen dobla pecha que autra persona deure far o paguar; e que las pechas que trobadas auren, dentz .I. mes a l'yssit de lor gardiadge, fassan escriure en la maison cominal en la pena de perjuri (5).

3. Item, que si nulhs hom ni nulha femna auia ni tenia albas ni payshetz (6) ni nulha maneyra de lenha en cabanas de baquis o en autre loc, la tenia e la vendia, si guirent no y auia o mostrar

_____

(1) Ces articles sont de la même écriture que les coutumes qui précèdent.

(2) Lieux qui formaient les limites de la commune.

(3) *Capayron*, coiffure ordinaire des deux sexes au moyen âge; vêtement de tête, *caput*. Les hommes ont cessé de porter le chaperon vers le milieu du xv⁰ siècle comme coiffure ordinaire. Il est resté en usage aux siècles suivants pour les livrées consulaires.

(4) *Fauda*, giron, tablier, jupon, cavité en général (Roquefort).

(5) Quelle était la peine du parjure suivant la coutume ? « E tot home que « fos perjuri proat deu esse gatiat en .LXV. p. d. Arnaudens saub sagrament « de calumpnia... ». Cout. du Castéra-Bouzet en Lomagne (*Hist. de Gasc.*, t. VI, p. 101).

(6) *Paisseau*, pièce de bois pour soutenir la vigne (Du Cange, *paisselare*). Latin, *paxillus*, qui paraît tenir à *palus*, pieu (*Dict.* de Littré).

no podio d'on l'auria aguda, que peche .xx. sols de morlas als senhors e a la vila, abque sia trobat per testimonis o per gardas o per autras leials sabensas.

4. Item, que nulhs hom ni nulha femna o molher tenia o talhaua en sa taula o deuant sa taula en algus dels mazelhs maiors (1) de la dita ciutat, que fos sabut per rancura feyta als ditz cosselhs que seran per temps, carn de porc mezera o grauada, que peche o pague als senhors e a la viela .LXV. sols de morlas partidors enter lor; e de truega en la messissa maneira, si n'i tenia ou vendia, que pague la sober dita pena .LXV. sols de morlas (2).

ÉTABLISSEMENTS ET USAGES

FAISANT SUITE AUX COUTUMES.

(Arch. mun., AA. 1.)

SOMMAIRE :

Préambule. — Art. 1. Voleur en cas d'incendie sera pendu, ses biens confisqués. — Art. 2. La quarte part des fiefs sous-affieffés ne peut être arrentée pour plus de six ans. — Art. 3. Nul ne peut s'obliger sur ses immeubles que devant le seigneur dominant. — Art. 4. En matière de retrait, la demande doit être faite dans l'an et jour; l'étranger doit venir dans le mois suivant. — Art. 5, 6, 7. Ventes par les tuteurs ou curateurs; nul ne peut donner plus de pouvoir qu'il ne tient de ses auteurs; compte des tuteurs ou curateurs doit être demandé leur vie durant. — Art. 8. Tout possesseur de fief qui quitte la juridiction a quatre ans pour venir rendre ses devoirs au seigneur du fief; passé ce délai, le seigneur peut reprendre le fief. — Art. 9. Vol de pailles et foins. — Art. 10. Bestiaux ne peuvent être engagés. — Art. 11, 12, 13, 14, 15, 16. — Vol de nuit aux métairies; du recel; vol de paisseaux, sarments, bois, pieux, etc.; pénalités. — Art. 17, 18. Lacets et

---

(1) Nous avons vu que les grands « mazelhs » ou boucheries, étaient à la maison commune, les petits en face, séparés par une rue latérale (voir plus haut coutume, art. 13 et la note).

(2) Nous devons faire remarquer ici que les coutumes qui précèdent, ainsi que ces quatre derniers articles, ont été, pour la première fois, publiées d'après nos textes par M. l'abbé Monlezun, dans son *Histoire de Gascogne* (t. VI, p. 79). Les établissements et usages, le règlement sur les élections consulaires et les divers documents qui suivent sont inédits. Toutefois, M. Cassassoles, dans ses *Notices historiques sur Lectoure*, aux pièces justificatives, a publié des fragments du vidimus de Charles VII, des lettres patentes de Louis XI et des règlements consulaires de 1506 et 1517.

filets tendus en bois et viviers réservés; vol de lapins, pigeons de colombier; pénalités. — Art. 19. Du guet. — Art. 20. Nul ne peut acheter du vin pour revendre. — Art. 21 et 22. Défense de vendre, donner ou laisser aux gens de mainmorte; la personne de mainmorte donataire devra revendre dans l'année. — Art. 23, 24, 25. Coups et blessures entre habitants; entre homme et femme; pénalités; celui qui excite à frapper est puni de la même peine; coups et blessures entre habitant et étranger; peine; l'étranger sera mis au pilori. — Art. 26. Plaies, effusion de sang, homicide involontaire; pénalités. — Art. 27. Vol de poules, oies, etc.; pénalités. — Art. 28. Loi somptuaire. — Art. 29. Peine contre celui qui tirera le couteau. — Art. 30. Peine contre celui qui injuriera les consuls; s'il ne peut payer, il aura la langue arrachée. — Art. 31, 32, 33. Fausses mesures; défense de jouer aux dés; de boire en taverne après Complies sonnées; injure faite par l'homme de basse condition à un prud'homme; pénalités. — Art. 34. Règlement pour les bouchers. — Art. 35. Loi somptuaire. — Art. 36, 37. Peines contre la femme qui donne un repas lors de ses couches et de ses relevailles; contre la femme de basse condition qui injurie une femme prude. — Art. 38, 39. Peines contre l'incendiaire en ville et à la campagne; contre les destructeurs des récoltes. — Art. 40, 41, 42, 43. Vol de pailles et foins de nuit et de jour; vol avec effraction et de nuit; vol d'argent et d'objets de consommation pendant le jour; pendant la nuit; pénalités; — Art. 44, 45. Règlement pour les débitants, les tailleurs ou couturiers. — Art. 46. Limites assignées aux bannis; peine. — Art. 47, 48, 49. Peines contre ceux qui laissent vaquer des animaux; qui écorcheraient aux lieux défendus; qui feraient ou déposeraient des ordures dans la grande rue. — Art. 50. Peine contre les marchands qui laisseraient les jours de fête plus d'un battant ouvert. — Art. 51, 52. Règlement pour les bouchers. — Art. 53, 54, 55, 56. Peines contre ceux qui jettent des fumiers; qui se découvriraient pour faire des ordures; qui achèteraient sciemment des choses volées; qui feraient des ordures sous les couverts et les édifices communaux. — Art. 57, 58, 59. Règlement pour la vente des viandes. — Art. 60, 61, 62. Vente; délais pour le retrait lignager; délais particuliers aux étrangers; droit de l'enfant en matière de retrait. — Art. 63. Peine contre ceux qui achèteraient des animaux volés. — Art. 64. Règles pour les presseurs d'huile de noix. — Art. 65, 66. Peines contre les voleurs de blés et de vendanges de nuit et de jour; contre ceux qui s'opposeraient à l'exécution d'une saisie; contre les filous. — Art. 68, 69. Règles pour les fiefs. — Art. 70. Plaies, blessures; pénalités; qui ne pourra payer la grosse peine perdra la main. — Art. 71. Des fiefs. — Art. 72. L'enfant non commerçant ni émancipé, qui aliène des biens du père ou de la mère sans leur autorisation, est mis dans la tour au pain et à l'eau pendant huit jours. — Art. 73, 74, 75. Défense de vendre du blé vieux pour du nouveau ou mélangé, du sel mauvais ou avarié, du vin vieux pour du nouveau ou mélangé, du vin mêlé d'eau pour du vin pur; pénalités. — Art. 76, 77, 78. Règlement pour la vente des viandes; les tripiers ne débiteront pas dehors, en la rue droite; partie désignée; pénalités. — Art. 79, 80. Vol de blé, avoine et autres grains en gerbe ou en pile, etc., pendant le jour; pendant la nuit; pénalités. — Art. 81. Vol de gerbes par l'habitant ou l'étranger; pénalités. — Art. 82. Défense de mélanger la cire, le suif; pénalités. Art. 83, 84, 85. — Défense de vendre du poisson passé ou corrompu; d'acheter pour revendre poisson frais ou gibier avant qu'il n'ait été porté à la place; défense aux bouchers d'écorcher les animaux ailleurs que chez eux; pénalités. — Art. 86. Règles pour la fabrication des cierges et chandelles de cire; ainsi que des chandelles de suif; infraction et pénalités. — Art. 87, 88, 89, 90. Injures; pénalités. — Art. 91. Les habitants, dans un rayon déterminé, sont obligés d'aller faire peser le blé, qu'ils voudront faire moudre, aux maisons de la ville où sont les poids; tarif des droits; pénalités. — Art. 92 et suivants. Des taverniers et courtiers; défense de vendre vin en gros aux taverniers pour revendre en taverne; aux taverniers d'acheter ainsi pour revendre; à toute personne d'acheter pour eux; tarif à poser aux taverniers par les particuliers dont ils débiteront le vin en taverne; compte que doit rendre le tavernier après la vente; pénalités. — Art. 97, 98. Peines contre celui qui aura bu en taverne et sera parti sans payer; contre les taverniers ou courtiers qui auraient décrié les vins des habitants qu'ils auraient eu à vendre.

———

Aquel son los establimentz, els usadges, longament obtengut e observat sa en darer (1), en la ciutat de Laitora, de tant de temps que non es memoria.

1. Si fuec se gafaua el alguna mazon de la viela de Laitora o dels barris (2), e nulhs hom ni nulha femna que sia decat prene dels bes e de las causas del senhor de la dita mayson o dels besis en torn, que aquet o aquera qui ac aure agut, ac renossa deutz certz dia, la que la crida fos feita per la viela que las causas fossan arenudas; e si no ac fasze e que ag estanquessa o que ag celes, en coselh n'aue arencura e ag pode trobar ab leials sabensas o ab cofession de luy medihs, que fos penutz e sos auers encors.

2. Que nulhs hom ni nulha molher qui tenga fieus d'autruy (3), en aian afieuzat las tres partz, hytz o lor ancessor, que la quarta part qui arman no puescan enpanhar ni arrendar plus de .VI. ans; e si per auentura algus hom o alguna molher a faze, el coselh n'aue arrencura, que lo sobre dit coselh fos tengut d'aquet arrendament o peynhs de fer defar, e de auer .V. sols de morlas d'aquet

(1) Ces expressions « longament obtengut e observat sa en darer » rappellent le préambule de la coutume.

(2) Barri, bari, faubourg, porte d'une ville; vara, barra, barrière; bas latin barium (Roquefort). Les documents les plus anciens, qui fassent mention des faubourgs de Lectoure, aux archives municipales, sont : 1° un livre manuscrit contenant des reconnaissances de fiefs, testaments, obits pour le couvent des Frères Prêcheurs de Lectoure, situé au faubourg Saint-Gervais, 1288-1618 (1 vol. in-4°, cart., série GG.) (donné par M. Descamps, maire et député); 2° deux instruments de vente de maisons et d'adoubarie de cuirs, situés au barri de Fontelie, de 1388 et 1434 (série FF).

(3) Voir cout., art. 40 et la note.

qui ag recebre, e que lo senhor qui s'arrencurare que n'agos la quarta part, el plus qui armayre qui partissan per miey los senhors ab la viela.

3. Que nulhs ni nulha molher no puesca obligar especialment nulha heretat sino deuant lo senhor de cuy mau (1), e si a faze e non vie deuant lo senhor de cuy mau, que aquet obligament no agues valor, e que lo senhor de cuy maura sia tengut de dizer a tot home qui la compressa que aquera heretat era autruy obligada especialment; e si no ag dize, que al senhor costes .x. sols de morlas, si no s'escusaua per sagrament que no era feit deuant luy o nol menbraua, si lo coselh n'aue arrencura, e que n'agos la quarta part equet qui s'arrencure, el plus per miey als senhors e a la viela.

4. Totz hom e tota molher qui vissa alienar nulha causa que entenos a demandar per nom d'eretadge e de proprietat, que demane dens .i. an e .i. dia en la man del senhor (2), car si no a faze d'aqui auant sos demans no agossa valor; e si algus hom o alguna molher era fora d'esta terra, que y sones o toques que fos vengut dens .i. mes, car si no a fase, sos demans no agossa valor, el senhor que sia tengut d'autreiar la dita obligacion, e si no a volia far, que la obligacion aia valor, la qu'en sia requestz (3).

5. Tot hom e tota molher que volossa comprar d'ordenes o de tutos o de curados, que veia lo poder que aquid auran de bene, e si be que hytz aian poder de bene e que sia estat cridat .iii. betz per la viela ab lo poder que sia encartat en la cartat d'aquet qui comprara, que la compra e la venda aia valor.

6. Totz hom e tota molher que aia comprat sa en darrer heretat o possessios, que aia valor ayssinc cum ed o sos linadges ac aue

---

(1) Voir cout., art. 40 et la note.
(2) Voir cout., art. 42 et 69, retrait lignager.
(3) La première partie de cet article ne fait que rappeler la coutume générale de France, en matière de retrait. La seconde qui vise le cas des étrangers « si « era fora d'esta terra » semble s'inspirer de la loi romaine : *non licere habitatoribus metrocomiæ loca sua ad extraneum transferre (Codicis undecimi*, lib. 4, tit. 4), et pose des règles rigoureuses. Pour que leur demande en retrait pût avoir valeur dans l'année, il fallait qu'ils fussent au moins venus dans le mois suivant, et ce délai ne partait pas du jour de la dénonciation du contrat « que y sones « o toques » mais du jour même de l'obligation (ms. communiqué). — Voir plus bas les art. 60, 61, 62 des établissements (retrait lignager et successoral en matière de vente).

tengut ansianament; e si algus hom o alguna molher y faze demanda, que lo coselh lo destrenga o l'on fassa laissar el ne fassa pechar .x. sols de morlas.

7. Totz hom e tota molher que de ordenes o de tutors o de curadors vulha ausir comte, si a luy s'aparten, que lo compte demane en vida de lor ordenes o tutors o curadors, car si no a faze, non fossan tengut los heretz d'aqui enant; e si algus hom o alguna femna ne faze deman el coselh n'aue arencura, que les ne fessan laysar, e si no a faze, que l'en fessa pechar .xx. sols de morlas per cada betz quel l'on couengues deuant senhor a venir.

8. Totz hom o tota femna que tenga fius de senhor (1), que s'en ane fora d'esta terra, que venga dens .iiii. ans deuant lo senhor de cuy mau per far son deuer, ed o hom per luy, car si no o faze, lo senhor de qui mau lo fieus sol pot prene e metre a sa man, cum al son, e nol sia tengut d'espone ni d'arreder a luy ni a son heret.

9. Totz hom e molher tota que se rancurara que hom l'aia panatz fen o palha de sa borda, aia la quarta part de la pecha (2) que hom ne trayra.

10. Nulhs hom no oblige bestiar especialment, car si aquetz qui l'aura obligat lo bene, e aquetz a cuy l'aura obligat lo demanaua, que sos demans no agossa valor; mas aquet quel benera que n'arseba bona fisansa, o garde a cuy la cargara.

11. Totz hom e tota molher qui panara alguna causa nuytornalment de borda, que pague .lxv. sols de morlas; e si nols potz pagar, que cora la viela e parga l'aurelha (3) e sia fora gitat de la viela tots temps entro pague la pecha soberdita; e tots hom qui a fara saber al coselh (4), que n'aia lo quart, el coselh que tenga selat.

---

(1) Art. 40 de la cout. et la note.

(2) Voir la note de l'art. 35 de la coutume.

(3) *Parga l'aurelha.* Cette peine était d'une application générale (*Établissements de Saint-Louis*).

(4) Pour faciliter la répression, les délateurs étaient récompensés et on leur promettait le secret. On retrouve cet usage dans certaines villes, notamment à Auch (Statuts concernant la police, 1489. Arch. de l'Hôtel de Ville d'Auch, *Livre vert;* Lafforgue, t. i, p. 373).

12. Totz hom e tota molher qui panara nuytornalmens nulha causa, acceptat figas, o arrasins, o pruas, o auras (1), o fruyta qu'en prengos en la man, que pague .lxv. sols de morlas; e si nols pot pagar, que corra la viela e perga l'aurelha e sia fora gitat per tots temps entro pague la pecha soberdita; e totz hom qui affassa asaber al coselh, que n'aia lo quart, els coselh que l'en tenga selat.

13. Totz hom e tota molher qui sia cossentz de nulh layronici ni l'arcuelh en son poder, si ac sab e no ag fe assaber al coselh, que sia tengutz del layronici aissinc cum aqued que aure feit lo larronici.

14. Totz hom e tota molher qui scientment tenga garda de nulh laironisi ni euenga en presamyent, sia tengutz del laironici aissinc cum aquetz qui fara lo layronici.

15. Totz hom e tota molher qui trayre paysset (2) de l'autruy vinha ni essarment ses voluntat del senhor de la vinha, que peche .v. sols de morlas ses merce al[s] senhors e la viela; e si pagar no pot, que cora la viela ab lo paisset e ab lo eissarment, e iesca de la viela per totz temps entro pague los .v. sols de morlas soberditz; e totz hom qui ac portara ab laial sabensa al coselh que n'aia lo quart.

16. Totz hom e tota molher que prenera lenha d'autruy bosc, ni paisset nau d'autruy aubareda, ni pau, ni lata de casau ni de plassa, ni arredge de borda, ses voluntat del senhor de cuy sere, que peche .xx. sols de morlas ses merce als senhors e a la viela; e si pagar no pot, que cora la viela ab aquero que aura pres, e iesca de la viela per totz temps entro que pague los .xx. sols de morlas soberditz; e totz hom qui ag portara als senhos de coselhs ab leials sabensas que n'aia lo quart.

17. Totz hom qui tenera cordas en l'autruy bosc bedat (3), ni fassa lasseras ob de prene nullas saubadgias ses voluntat del senhor de cuy sere, que peche .xx. sols de morlas ses merce als senhors e a la viela; e si pagar no pot, que cora la viela, e iesca de

---

(1) *Auras, aueras*, noisettes.
(2) Voir plus haut, *Articles entre parenthèses*, la note de l'art. 3.
(3) *Bost bedat*, bois défendu, réservé. — *Vetare*, lo Bedat.

là viela per totz temps entro paguë los .xx. sols de morlas desus ditz; e totz hom qui ac portara al coselh ab leial sabensa que n'aia lo quart.

18. Totz hom qui pescara l'autruy pesquer, ni amarara los pesquer, ni cassere en l'autruy clapot, ni prenera coloms nisies de colomer (1) ses voluntat del senhor de cuy sere, qui .paguë .LXV. sols de morlas als senhos e a la viela; e si pagar no pot, que cora là viela e iesca de la viela per totz temps entro paguë los .LXV. sols desus ditz; e totz hom qui ac portara al coselh ab leial sabensa que n'aia lo quart.

19. Totz hom qui sera manat a la gueita de nueytz, si s'arman ò no y enuia persona sufficient o seuentiu ses boluntat del coselh o d'aquel que sera el loc del coselh, que pague .XII. dines morlas ses merce.

20. Nulhs hom no compre vin per arrebene, e si ac faze, que paga ne e peche .xx. sols de morlas ses merce als senhors e a la viela; e quel que ac portara al coselh que n'aia lo quart (2).

21. Nulhs hom ni nulha molher no bena [ni done ni leiche] nulha mazon ni plassa ni nulh seruici dens los murs de lo viela [ni defora] a nulhs homme ni a nulha femna [de religio o de ma morta, et aquet o] aquera qui a fare que perde aquero que aure

---

(1) *Coloms nisies de colomer*, pigeons ayant niché dans les colombiers. — Ces divers droits de chasse, de colombiers, de viviers, de garennes réservées, etc.; que la commune de Lectoure tenait de son titre de seigneurie, sont fréquents dans les chartes du pays. On voit encore dans les environs quelques anciens colombiers du XIIIᵉ siècle, que l'on connaît généralement sous le nom de *hunes*. En 1276, Géraud, vicomte de Fezensaguet, donna aux habitants de Mauvezin le droit de chasse et de pêche sur toutes les terres de la vicomté. Même droit avait été concédé à Nogaro par les comtes d'Armagnac aux consuls et honorables habitants du lieu : « *Quod possint consules et honestiores habitatorum non autem viles « et mecanici venari et piscari in nostro comitatu cum canibus et aliter*, etc. » Voir cout. de Mauvezin et de Nogaro. — Cf. cout. de Sainte-Gemme : « *Et illi « liceat in suo fundo piscari et venari.* » — Cout. d'Auoh : « *Facultatem venandi « omnem venationem per totum comitatum Fezensiaci* »; ici la chasse est même réglementée, et défense est faite de chasser « *ab introitu mensis maii usque « ad festum Omnium Sanctorum.* » — Dans diverses chartes de bastides, nous retrouvons les droits de colombiers, de viviers, de pêche, mais non le droit de chasse (Cout. de Solomiac, de Monfort). Dans d'autres, aucuns de ces droits ne sont mentionnés (Barran, Marciac).

(2) Voir plus bas aux art. 92 et suivants.

benutz [o donat o laichat], e sere tengut de pagar la grossa pena, so es asaber .LXV. sols als senhors e .XL. sols a la viela (1).

22. Si nulhs hom o nulha molher daua nulha mayson o plassa o servici a nulh hom o femna de religion, que aquel o aquera de religion ag aian benutz dens lo cap de l'an a bezin de la viela o a besina; e si per auentura no a fezen, que lo senhor el coselh ag metossan a lor man coma lor causa (2).

23. Si algun besin fier autre son besin (3), el coselh n'aue arencura, que ac pogos cercar ab leials sabensas sober sagrament e sic ac trobaua per .II. prohomes besins o per .I. tal quin fos cresedor o per .II. molhers tals quin fossan crezedoras, que fos tengut de pagar .XX. sols de morlas al coselh, si eran tals las personas de que lor medihs lor poguessan auer. E si eran tals que auer nol poguessan o la una o enteramas, que paguessan cada .V. sols de morlas, si enteramas las partz auen ferit; des quals, si de .XX. sols era la pecha, aian las senhorias .V. sols e la viela .X. sols el ferit .V. sols; e si la pecha era de .V. sols, que n'agossan las senhorias .II. sols e la viela .II. sols el ferit .XII. dines.

24. Si molher fier home, que peche .XX. sols de morlas, e si fier autra molher, que peche .V. sols de morlas; las quals pechas sian partidas en la sobre dita maneira; e si hom fier molher, que peche .XX. sols de morlas, si auer los pot l'om e la molher; e si auer nols podon enteramas las partidas o la una partida, qu'en peche .V. sols de morlas; e si enteramas an ferit, que pechon cada .V. sols de morlas; las quals pechas sian partidas en la sobre dita maneira, so es assaber : que de la pecha dels .XX. sols aian las senhorias .V· sols e la viela x. sols el ferit .V. e la ferida quals sia; e dels .V. sols aian las senhorias .II. sols e la viela .II. sols el ferit o ferida quel que sia .XII. dines. E si besis o besia fier autre, e nulhs besis o besia ditz : dat lo ben, que peche aitant cum si aue ferit (4).

---

(1) Tous les mots entre crochets sont ajoutés entre les lignes et d'une écriture différente.

(2) Voir pour ces deux art. 21 et 22, les articles de la coutume, 64 et 73.

(3) On sait que ce mot *besin (vicinus)* se traduit dans nos coutumes par habitant, *vicanus.*

(4) On trouve rarement cette disposition qui punit de la même peine celui qui a frappé et celui qui excite à frapper « ditz : dat lo ben ».

25. Si besis fier home estrani, que peche .v. sols de morlas, si auer los pot; e si hom estrani fier besi, que peche autres .v. sols de morlas, si auer los pots; e si auer nols potz aquel qui aura ferit, si es estrani o priuat, que pueie en l'espillori (1).

26. Si besis apertament plaga autre o plaga vesia e la plaga es leials (2), que peche .lxv. sols de morlas a las senhorias e .xl. e .v. sols de morlas a la viela e .xx. sols de morlas al plagat, e sos cors que sia pres e mes en carcer e en tengut tro quel plagat sia mort o sia garit. E si mor lo plagat, quel meta hom dejus lo qui plagat l'aura, si per la plaga que el l'aura faita mor; e si garis lo plagat, que sia tengut lo que plagat l'aura de pagar las sobre ditas pechas; e si las pechas no pod pagar, quel geta hom de la viela e que jhames no torne dens los dexs entro pagadas aia las sobreditas pechas. E si ag faze, el coselh ac pode saber ni aprener ab se mezis ni ab leial sabensa, que totas sas pechas e totas sas penas los fossan dobladas; e si la plaga nomeada leials era trop mala ni greus, assinc cum plagas y a grauas e de gran mission, quel coselh ab d'autres prœmes poguossan auer ab d'autres esgardament en aqueras grans missios quel plagat aura feitas, e aquetz qui plagat l'aure las pagues a lor coneguda.

27. Totz hom e tota molher qui forcilment prenga aucas ne galinas ni autras viandas de nulh home, que las porte (ni nulha femna) per bene en la viela de Laitora, peche .x. sols morlas e que arreda so que pres aura forcilment.

28. Totz hom e tota molher qui meta ceda in rauba ni in nulha cozedura d'ome mortz ni de molher morta, que peche .v. sols de morlas (3).

29. Totz hom qui maliciosament traga cotet encontra autre son besin, que peche .xx. sols de morlas ab que ia no fieyra.

30. Si nulhs hom ditz mal al coselh, seguens las coytas (4)

---

(1) Peine de l'exposition. Voir cout. de Lafox, publiées par M. Cabié, art. 10 et la note.

(2) Voir coutume, art. 81, et aux établissements art. 70.

(3) Loi somptuaire. Voir plus bas, art. 35.

(4) *Coytas* (*coeytas, coentas*), affaires. « Seguens las coytas... », « touchant « les affaires de la ville ».

de la viela, que pecha doblament cum si un autre home de
la viela aue malmenat; e si la pecha no pot pagar, quel [tr]aon (1)
hom la lenga e corra la viela.

31. Si nulhs hom ni nulha femna ten falsa mesura, que peche
.v. sols de morlas, sil coselh ac pot aprene ab leial sabensa (2);
e que don hom la mesura del blat e del bin arrasa ses plus,
aquel qui ben; e que la prenca aquel qui compra ses que plus
non deman; e si ac faze e la rencura vie deuant lo coselh de quera
causa, els coselhs ac poden saber de cert, que peches aquel quel
blat ol bin aure laissat .xii. dines morlas, e la compra que agos
valor.

32. Nulhs hom no iogue ab datz dins la viela ni dintz los
detz; si ac fe el coselh ac pot saber, que peche .xii. morlas;
e si hom beu en taberna pos Completa sia tocada (3), que peche
.xii. dines morlas, sil coselh ac pot saber.

33. Si hom bas ditz mal ni descanziment (4) a home pros de
la viela, el proshome no s'en torna e s'en arrencura al coselh, que
peche lo bas hom, assinc cum si aue ferit .i. autre home cominal.

34. Nulhs home mazerer ni autre no vene carn grauada, fresca
ni salada, mas on establit es; e si ac faze, que peche .xx. sols
de morlas e que perga la carn, lain e zissa (5) de tota carn de
malamort. Si nulhs hom met greyssa en arnelh (6) de buon
ni de baca ni de creston, que peche .xii. dines morlas.

35. Si nullis hom da a filhol mas [cam]iza (?) (7) o capula ses

---

(1) *Traon.* Les deux premières lettres sont effacées; nous croyons toutefois
qu'il faut lire « traon ». On sait que la peine de l'amputation ou de l'arrachement
de la langue était appliquée au moyen âge, même dans les derniers siècles.

(2) Voir coutumes, art. 88.

(3) « Ne tenga taberna uberta despuys que las Ave Maria sian tocadas »
(Statuts d'Auch sur la police, 5 juillet 1489. Arch. mun., *Livre vert*). — « Et
« se gardent de geu de dez et de tavernes... » (Ord. de saint Louis aux baillis,
prevos et maieurs, art. 702).

(4) *Descanziment.* Peut-être y avait-il dans l'original le mot *descarniment*,
que le copiste aura mal lu.

(5) *Zissa (?).* C'est peut-être une forme corrompue pour *pissa (perissa)*,
peau.

(6) *Arnelh*, rognon. Ce mot est encore usité.

(7) [*Cami*]za. Les trois premières lettres de ce mot sont effacées. Nous
croyons pouvoir lire « camiza ».

seda ni scinta, mas .i. cordon diaral (1), que peche .v. sols de morlas.

36. Si nulha molher atant cum jaga d'enfant fe nul conbit d'omes ni de molhes ni cant s'enleue, que peche .v. sols de morlas; e aquels e aquelas que ac preneran autres .v. sols de morlas; in apres de .xv. dias (2).

37. Si nulha molher bassa dit mal a molher pros e la molher pros no s'en torna, que pecha la molher bassa .v. sols de morlas.

38. Si nulhs hom met fuec apertament dintz la viela de Laitora ni dins los barris, e lo coselh ac pot saber... (3), que sia son cos ars o penut e sos auers encoregut, la malafeita adobada a coneguda del coselh.

39. Si nulhs hom metz fueg en borda, que no sia dint la viela ni dins los barris, ni talha vinha ni verger, sil coselh ne pot auer sabensa, que peche .lxv. sols de morlas a las senhorias e .xl. sols de morlas a la viela, la malafeita adobada prumerament; si la malafeita no pot adobar a coneguda del coselh ni la pecha pagar, que perga la man e que iesca de la viela; e si la malafeita faze per occazion, qu'en clames per part on s'en tengos per forsat, en agossa feita enquesta el coselh pode saber la forsa, que passes lo mal fazsent ab la meia pecha sobér dita e ses pecha de sont cors.

40. Si nulhs hom pana palha ne fen de dias, que peche .x. sols de morlas, e si no pod pagar, que cora la viela; e si es nueit, qu'en peche .xx. sols de morlas, e si no pot pagar, que perga l'aurelha e que eyssis .i. an de la viela e de tot l'apertenh.

41. Totz hom qui de nueitz pane ni crebe mayson ni obrador, e y es atent, el coselh ac pot aprene ab leials sabensas, que sia penutz e sos auers encoregutz.

42. Totz hom qui pane de dias, si layronici es de .ii. sols de morlas ensus, que pecha .lxv. sols de morlas a las senhorias

---

(1) *Diaral*, ordinaire, journalier. — *Dies*, jour. — Loi somptuaire. Voir art. 28.

(2) Ces mots « in apres de xv dias » seraient mieux placés d'après nous après ceux-ci « ni cant s'enleue » pour l'intelligence de la phrase. Nous retrouvons dans nos textes plusieurs inversions semblables.

(3) Ici le ms. est déchiré. On pourrait substituer : « ab leial sabensa » comme aux art. précédents, 17, 18, 31, etc.

e que arreda lo layroys e .XL. sols de morlas a la viela e perga l'aurelha; pero si layroys era de causas maniadoras, cum es fruita, que fos a l'esgart del coselh; e si lairois era de .XII. dines en ius, que peche .XX. sols de morlas e que cora la viela; e si pagar no pot, que iesca de la viela per totz temps tro pague la sobre dita pecha : pereo si la persona qui panat aura, era de .XII. ans entro a .VII. o de qui enjus, que pague .LX. e .V. sols de morlas o que iesca de la viela entro pagar los puesca, ses aurelha perder e ses core la viela.

43. Qui de nueit nutornalment prenera nulha causa, que peche .X. sols de morlas, e si nols pot pagar que cora la viela ab trompa e ab lo gast.

44. Si nulhs hom corna taula en tal estrem del camin (1), que peche .X. sols de morlas.

45. Totz sarters talhairs e cozedors qui merme (2) d'arauba, qualque sia, de loc on mens ne valha, peche .XX. sols de morlas; los arretals e las pessas, si per auentura sobrauan (3), que las arredan al senhor de las arraubas; pero, segont que la malafeita sera, ac pogos lo coselh auer escardament.

46. Tot hom fora gitat de la viela, si torna ni ven dens los dexs assignatz, so es assaber : dins l'ariu Duransan e Bocoera e Bustet e Mala Roqua e La Mota e Samonuiela e Andissan e Pradlonc e l'Aramar e Massa costas (4), si dent aquetz locs tornaua lo fora gitat, senes voluntat dels coselhs, que la pecha quil sera estada coneguda los fos doblada; e totz hom qui l'arculhos scientalment, que peches .XX. sols de morlas, e quel coselh i pogues auer esgardament.

(1) La grande rue, *camin maior*. Voir art. 49 plus bas.
(2) *Merma*, déchet (Esp.).
(3) *Sobrar*, rester, être en trop (Esp.).
(4) Quelques-uns de ces noms de lieux de la commune existent encore : *Bocouerè, Bustet, Lamothe, l'Arramar* (Le Ramier). D'après les anciens terriers, l'*ariu Duransan* serait le ruisseau de Roquetiet; *Malaroqua*, quartier sur le plan de Mouchan s'étendant jusqu'à la juridiction du Castéra-Lectourois; *Samonviela*, sur la Peyrigne, au sud du chemin qui menait à Lagarde-Fimarcon (Saint-Jean de Samonviela était aux chevaliers de Malte); *Andissan*, entre les hameaux du Goujon et de las Lebes; *Pradlonc*, au-dessus du chemin qui menait à Terraube; *Massa costas*, les hauts côteaux qui dominent le Gers.

47. Totz hom e tota molher, qui esta de Sent Sperit entro Sent Geruasi, si ten porc ni auca en sos poder, se gart quel porcs ni las aucas no yscan el camin maior; si ac fen, que peche .XII. dines de morlas, dels quals agos lo ters aquel o aquera que ac fara asaber al coselh.

48. Tot hom qui acore ni escorge ni laure nulha bestia dent la viela en plassa qui issia, peche .v. sols de morlas, dels quals aia lo .v. qui al coselh ne fara sabensa.

49. Totz hom e tota molher qui, per nulh orrezest (1) far, descora en camin maior ni l'i gieta, peche .XII. dines morlas, dels quals aia lo quint aquel qui a fara saber al coselh.

50. Totz hom qui per las festas costas esta viela obrira obrador, mas .I. ush solament (2), ni traira nulha causa vendabla, pecha .v. sols de morlas.

51. Totz hom qui sagne nulha bestia nis descora en l'autrui borda, peche .XII. dines morlas.

52. Totz hom qui ben boc crestat ni craba, de la forcada (3) d'en Galhart Dantinhan ensus, pecha .v. sols de morlas; e que bena boc que no sia crestat, dens la viela, pecha .v. sols de morlas.

53. Totz hom e tota molher qui gitte fems, sino els femorers cominals (4), peche .XII. dines morlas.

54. Totz hom e tota molher qui en las forcadas del camin maior se descorera per far orezest peche .v. sols de morlas.

55. Tot hom qui comprara causa que sepia que sia estada panada, que peche .XX. sols de morlas.

56. Tot hom qui descorrera per orrezest far en las mozos (sic) ni els cubertz cominals, quel coste .XII. dines morlas.

57. Que nulhs hom ni nulha femna no tenga carn cuyta ni crusa a vener, mas aquel dia que mura, el segont, el tertz, so es asaber

---

(1) *Orrezet*, ordure (Roquefort).

(2) *Ush*, huis. «... *Quod nullus, diebus dominicis vel aliis majoribus «festivitatibus anni, teneat operatorium suum apertum...*» (Cout. d'Auch). « Il ne laissera seulement que l'ouverture de l'entrée... » (traduction ancienne de la cout. d'Auch, art. LXXIII. Lafforgue, t. II).

(3) *Forcada, forcadas* (art. 54), bifurcation de rues.

(4) *Femores cominals*. Voir la note au Record du dernier jour de mai 1492 (IIᵉ partie).

de Martro (1) entro Caresmè prenent; e de Pascas tro Martro, lo dia que mueyra, el segont; si ac fe, el coselh ac pot saber ab leial sabensa, que peche .v. sols e perga la caru; e aqued qui ac fara asaber al coselh que n'aia lo quart.

58. Nulhs hom no compre nulha saubadgia per arrebene, si ac fe el coselh ne pot auer sabensa, que peche .v. sols de morlas; e qui a fara saber al coselh que n'aia lo quart.

59. Que nulhs hom ni nulha molher no compre porc ni truga ni auca ni garia ni faian (2) per bener esta viela, si ac fe, .xx. sols de morlas lo coste, dels quals aia lo quart que ac fara asaber al coselh.

60. Totz hom e tota molher que sera enquest per son torner o per sa tornera, dedens .VIII. dias estanque aquera causa on sera torner o tornera o ac autrege; e si no ac faze, que pueys no y pogos tornar, la que la honor sera venduda. Totz hom e tota molher que sera torner o tornera d'aqual que tornaria sia, que la que sera venuda, que l'astanque dens .I. mes; si no a faze d'aqui en ant, no y pogos tornar en aquera causa, ni agos valor demans que fes.

61. Totz hom e tota molher que scia fora d'esta terra puesca tornar dens .I. an e .I. dia en totas causas de sa tornaria; pero si vien dens .I. an e .I. dia, que y sones dens .I. mes; si no ac faze, que no agos valor demans que y fes.

62. Nulhs efantz que sia ses poder son mezis no aia tornaria el feit de son pay ni de sa may si las causas s'alianauan per feit de venda, present e venedos lo dit pay e la may, si no que lo dit efant aia causa sa medihssa per son gazanh e per causas de son linadge de tornaria, la qual tornaria o gasanh sia abondatz defar aquera compra ses tot mal genh e que l'enfans fos amancipatz abant que la dita venda lo fos per lo pay o per la may (3).

63. Nulhs home ni nulha molher no compre nulh bestiar ni autras causas de nulh home estrani ni priuat que sia d'arraubaria o de layrois, car si o faze, si crus signe a las ditas causas, seren sas pergudas si garen no auen.

(1) *Martro*, la Toussaint. Cette expression est encore usitée.

(2) *Faian*, coq. On dit encore *hujun*.

(3) Voir pour les art. 60, 61, 62, les art. 3 et 4 des établissements et 42 et 69 de la coutume.

64. Nulh holiers ni oliera no prenga de trese l'aymina (1) de notz mas .ɪɪ. dines morlas e segont la mesura de mes o de menhs per lo sor de l'aymina, ni auze estancar nogat en nulha maneira en don ni en venda; e si a faze, que peche .v. sols de morlas, e que n'aia lo quart aquel que ac portara al coselh.

65. Totz home e tota femna que panes blat en garba o en gran de nueyt o de dias, o panes verenha de dias o de nueyt, que la metos en paer o en portaderas o en sac, que sia penutz e que sian encoregut los sos bes.

66. Tot home e tota femna que vedes penhs als messadges del coselh, quada vetz quel vedes el coros (?), quel costes per cada vetz .v. sols de morlas.

67. Tot hom e tota femna qui talhara o raubara borsa on sera cosent, que sia penut e sos bes encoregutz als coselhs e als senhors.

68. Totz home qui tenga fieus d'autruy e vol arrener lo fieus al senhor de cuy mau, quel i a ob a leissar serbit e vestit de cauls o de pors o de autra ortalissia; [si] no y aue, que don al senhor del fieus .xvɪɪɪ. dines morlas; ab aisso que fassa es quiti lo fiuzatier del senhor del fieus.

Nulhs hom ni nulha femna no puesca arrefiusar seruici mas que de tot s'en yesca el bena.

69. Si algus hom o alguna femna qui tiendra fieus d'autre, el fiusater aia venut lo fius, el venedor el compradors ensems vengan deuant lo senhor del fius el mostrar la venda, el senhor del fius leue son dia segont la costuma, o la .ɪ. o l'autre d'aquels no vole tornar deuant lo dit senhor per arcebe la lauzor del dit senhor o d'estanquar o de autreiar segont la dita costuma, quel coselh en aquet cas destrenga lo deshobedient per tornar deuant lo dit senhor eutro quel dit senhor autrege la dita venda o la estenque segont las costumas de Laitora; e asso sil coselh n'auia aguda rencura del venedor o del comprador, e en quet cas que pague x. sols de morlas de pecha aquel del qual ladita rencura sere feita, dels quals .xx. sols aian los senhors de la viela la tersa

_____

(1) _Aymina_, hémine, moitié du setier. Ce mot a été exponctué et remplacé par _liural_.

part, e la viela l'autra tersa part, e quet qui sere arencurat que n'aia l'autra tersa partz.

70. Si algus o femna fazia plaga leial, que pague .lxv. sols de morlas als senhors de la viela de Laitora e .xl. sols de morlas a la viela e .xx. de morlas ad aquel qui sere estat plagat, e que pague lo medge el descart a l'esgart del coselh, assinc cum establit es; e si era tals persona que no pogues pagar la dita ley grossa, que perga la man ab que la dita plaga o plagas aura feitas e que hom lau trenque, e aysso sil n'auia aguda arencura es podes trobar ab leials sabenses (1).

71. Totz home qui venera nulha heretat o possession que tenga en fius d'autruy, quan l'aura venuda, que dens .viii. dias mostre la vendra al senhor del fieus ensemps ab lo comprador; e si no a faria el coselh n'auia rencura del senhor del fius, en quet cas lo coselh diu destrenher lo fiuzater de mostrar lo fius deuant lo senhor del fius e treser .x. sols de morlas de pecha, dels quals aia[n] la tersa part los senhors de la viela de Laitora e l'autra tersa part la viela e l'autra tersa part lo senhor del fious quis sere arrencurat (2).

72. Si nulhs hom de la viela de Laitora vene o iogaua o enpenhaua o alienaua bes o causas de sont pay o de sa may senes lor voluntat, sino era mercaders o amancipatz, e lo pay o la may vole trobar aqueras causas qui seren estadas venudas o iogadas o empenhadas o alienadas per aquel establiment que feit es sa en darer, en qued cas que lo dit filh o la filha sia pres e eston en la tor (3) .viii. dias a pan e ayga.

73. Que nulhs hom ni nulha femna no venda blat vielh per noet ni mesclat ab noet sino per tal cum seria, ni sal qui no fos bona ni marchanda, que fos estada en carn salar, o arsa, o autra mescla d'arenas, o d'autras causas hy agues; e si o fazia el coselh era cert per leials sabensas, que peche e pague .xx. sols de morlas als senhors e als coselh[s] de Laitora, el blat e la sal que per aital seria venut que sia encors.

(1) Voir cout., art. 81. — Établ., art. 26.
(2) Voir pour les art. 68, 69, 71 : Établissements, art. 2 et 3. — Cout., art. 40 et la note.
(3) Voir cout., art 82 et la note.

74. Que nulhs hom ni nulha femna no venda vin vielh per noet ni vin vielh mesclat ab noet, nil crides sino per tal cum seria, so es asaber : vielh per vielh, e si es noet per noet; e si o fazia el coselh era cert per leials sabensas, que peche e pague .xx. sols de morlas als senhos e als coselhs de Laitora, el vin que per aital seria venut sia encors.

75. Ni nulhs home ni nulha femna no vena vin agasat per blos (1); e si o fazia el coselh n'era cert, que peches e pagues .xx. sols de morlas, el vin encors ols diners que del dit vin serian estatz pres o agutz.

76. Si nulhs hom ni nulha femna tenia a venda carn d'aolha per de creston, ni moton aperat colhart, ni trucia per porc, ni buou desmesorat, ni baca desmesorada, ni carn de porc ni de creston ni de buou ni de baca, ni autra carn fresca, ni carn estadissa ni pudenta, ni crabot ni anhet, de Paschas entro la Sent Miquel de Setemer, mas una nueyt e .i. die; e de Sent Miquel entro a Caresme entran, duas dias e .iª. nueyt, ni buou, ni baca, ni crabot, ni anhet buffat, ni tengra fedge degun, crabot ni anhet; mas que sian laissatz els meihs can seran estaz escoriatz en algus dels mazels maiors (2) de la dita ciutat, el coselh ac podia saber per leials sabensas, que peche e pague .xx. sols de morlas, e la carn encorsa als senhors e als coselhs.

77. Que nulhs hom ni nulha femna no tenga aolha, ni craba, ni boc, ni nulha mala carn, dens la dita ciutat en la carrera dreta (3) que va de la forcada d'en Carmalh, deuant l'ostal d'en Domenges Carmalh e deuant la sala d'en Vidal Teuler, entro al maset maior (4) de la dita ciutat, exceptat en la carera

---

(1) « *Vin agasat per blos* », vin mélangé d'eau pour vin pur (*aigua*, eau). On dit encore « *agasat* » lors de la dépiquaison, quand la pluie tombe sur la gerbe.

(2) Voir cout., art. 13 et la note.

(3) *Carrera dreta* ou *camin maior*. Voir art. 44 et 49 plus haut.

(4) C'était la partie de la grande rue comprise entre le point de bifurcation de deux rues (l'une tournant au coin de la maison de Domenges Carmalh, l'autre au coin de la salle de Vital Teuler) et le « maset maior » situé à la maison commune, devant l'église Saint-Gervais. Voir art. 13 et la note. — *Sala*, sale ou salle (du celtique *sala* : demeure, manoir, maison forte). Guérard, en ses prolégomènes du cartulaire de Saint-Père de Chartres (*Doc. inédits*), dit : « Dans la propriété, l'alleu, le domaine, la terre salique, non la terre des

tranuessant; e si o fazia el coselhs n'era cert, que peche .xx. sols de morlas, e la carn encors[a] al senhors e la viela.

78. Que nulha tripera no tenga tripas den la viela especialment de la dita forcada entro el dit mazel maior en taulas deforas, bas (*sic*) que las venda dedens en l'ostal; e si o fazia, que peche .v. sols de morlas, la quel coselh ne fos cert.

79. Tot home e tota femna que prenera blat froment, ni siuaza, ni autres blatz quals que sian, de dias, entro a la valor de dus sols de morlas, en garba, ni en gauera, ni de bauquera, ni de batoc de l'autruy camp, senes voluntat o sabensa del senhor de cuy seria, o en autre loc, que cora la viela ab lo layroys ses plus.

80. Si nulhs hom prendia blat forment o siuaza ni autres blatz qualsque sian ob bestia, on fasia carga o feys, on crebara bauquaron o bauquera, quant que s'en prengos de nueyt, que sia penutz e sos bes encors.

81. Si nulhs hom mandans estrani o besin de la viela de Laitora prene .iª. garba o .ii. o .iii. de bauquera o de bauquaron ob de sa bestia, de qualque blat se fos, que peche .v. sols de morlas.

82. Que si nulhs hom o femna fazia mescla en ciris (1) ni en tortis de cera, ni en candelas de seut metia sagi ni autra mescla, els coselhs ac poden saber per laials sabensas, que peche .xx. sols de morlas, e la cera el seu encors.

83. E si nulh peys fresc, estadis ni pudent, era portat a la plassa

---

« Saliens, mais terre de la Sala, c'est-à-dire attachée au principal manoir, *terra* « *salica, terra dominica;* dans l'usufruit, le bénéfice, le fief, la censive ». D'après ces origines, on s'expliquerait comment on a donné le nom de « sales » à certaines habitations dans des pays privilégiés. Sur plusieurs points de la juridiction de Lectoure, il existait des maisons fortes ou principaux manoirs, hautes tours carrées avec machicoulis, sur une entrée unique. La plupart de ces constructions, qui paraissent remonter au xive ou au xve siècle, sont encore debout. « *Sala a Castetpugon, sala o Moyssan (Aurinhac), sala a Comba roaut,* « *sala au molin de l'Esquerra,* etc. » (Terriers de 1491 et 1501). Il y avait des salles dans l'intérieur même de la ville; l'art. 77 mentionne au xiiie siècle la salle de Vidal Teuler. Ces maisons fortes du dedans sont sans doute celles que les terriers du xve siècle désignent ainsi : « *Hostal on y a una torn* »; quelques-unes existent encore. Ces constructions bourgeoises, à l'aspect seigneurial, furent loin d'être rares au moyen âge dans les cités méridionales. Voir à ce sujet Augustin Thierry, Lettre xxii, *Hist. de la commune de Vezelai.*

(1) *Ciris* ou *siris* (art. 86), cierges. *Cera* ou *sera* (art. 86), cire.

per vendre e que no fos vendable, que dequi sia gittat, e aquel o aquela quel tendria a vendra que pecha .xx. sols de morlas.

34. E nulhs hom ni nulha femna no compre peys fresc ni nulha saubadgia den los dexs de la dita ciutat per reuendre entro que sia portat a la plassa cominal; e si ac fazia, que pecha .xx. sols de morlas, el peys e la saubadgia que sia encors.

85. Ni nulhs masererer no escorge ni fassa escoriar nulh buou ni baca deuant alguna borda ni en autre loc sino en loc saubut o en bordas saubudas que sian lors, o logadas per lor; e si a fasia, que peche .v. sols de morlas.

86. Que nulhs hom ni nulha femna que obre de sera siris ni tortis ni candelas, que prumer que n'obre fassa passar o passe lo babiller (1) per molle del coselh, e que non fassan ni n'obren nin fassan far ni obrar obs de vezi ni obs d'ome estrani entro quel babiler sia passat per el molle soberdit, e aquel o aquela que fara candelas de seu que may e meto an quet que babiller; e si so no fazian que sober dit es els coselhs ac podia saber per leials sabensas, que peche .xx. sols de morlas, e la sera el seu encors.

87. Totz home e tota femna que apela autre o autra mesed o mesera, si arrencura n'es feita al coselh e proar se pot, que peche xx. sols de morlas al coselh, si eran tals las personas quels poguessan auer; e si eran tals que auer no poguessan o la .i. o enteramas, que pagassa .v. sols de morlas; desquals, si de .xx. sols era la pecha, aian las senhorias .v. sols e la viela .x. sols el rencurant .v. sols; e si la pecha era de .v. sols, que n'aian las senhorias .ii. sols e la viela .ii. sols el rencurant .xii. dines.

88. Tot home e tota femna que apella autre hom o autra femna traido o traidoressa, si arrencura n'es feita al coselh e proar se pot, que peche .xx. sols de morlas al coselh, si eran tals las personas quels poguessan auer; e si eran tals que auer no poguessan o la una o enteramas, que peche .v. sols de morlas; desquals, si era la peche de .xx. sols, aian las senhorias .v. sols e la viela .x. sols el rencurant .v. sols; e si la pecha era de .v.

(1) *Babiller* ou *babillet*, mèche. « ... *E que lo pabilum sia de fiu blanc, borid* « *e yshuguad...*» (Cout. de Condom, *Musée des Archives départementales*, p. 264).

sols, aian las senhorias .ii. sols e la viela .ii. sols el rencurant .xii. dines.

89. Si nulhs hom o femna apera femna puta, si rencura es faita al coselh e proar se pot, que peche .xx. sols de morlas al coselh, si eran tals las personas quels poguessan auer; e si eran tals que auer nols poguessan o la una o enteramas, que peche .v. sols de morlas; desquals, si era la pecha de .xx. sols, aian las senhorias .v. sols e la viela .x. sols el rencurant .v. sols; e si la pecha era de .v. sols, aian las senhorias .ii. sols e la viela .ii. sols el rencurant .xii. dines.

90. Tot hom e tota femna que apele autre home o autra femna lairon o lairoessa, si arencura n'es faita al coselh e proar se pot, que peche .xx. sols de morlas al coselh, si eran tals las personas quels poguessan auer; e si eran tals que auer nols poguessan o la una o enteramas, que peche .v. sols de morlas; desquals, si era la pecha de .xx. sols, aian las senhorias .v. sols e la viela .x. sols el rencurant .v. sols; e si la pecha era de .v. sols, aian las senhorias .ii. sols e la viela .ii. sols el rencurant .xii. dines.

91. E totz habitans e habitayrit[z] de Laitora stans dintz los termes dejus scrius, so es assaber: del Pont de Pielas entro Peyras albas, e de Peyras albas entro l'ariu d'Antin (1) ayssint cum s'en debara entro lo goan de sober lo molin de Sent Ginni, e dequi assinc cum s'en deuara lo Giers entro on lo riu de Santz Jordan entro el Giers (2), e dequi entro la molia de R. S. de Galin aissint cum lo predit riu maua, e de la dita molia d'en R. S. d'Engalin (3) entro a Peyras albas, sion tengutz d'anar pesar lo

---

(1) « De Peyras albas entro lo riu d'Antin », des moulins de la Justice jusqu'au ruisseau de Canéron ou de Las Balines. Peyras albas était le lieu où de toute ancienneté se trouvaient les fourches patibulaires. Il a conservé le nom de « la Justice ».

(2) *Entro on... entro el Giers*, jusqu'au point où le ruisseau de Saint-Jourdain entre dans le Gers.

(3) *Bertrandus Signarii, Guillelmus Bertrand. de Plumassano, Petrus de Calveto, Fortius de Genesia, Dominicus de Comino, Raymundus Sans. d'En Galini*, consuls de Lectoure en 1273. Ils figurent dans l'acte du 4 mars 1273, par lequel les consuls absolvent le roi d'Angleterre des méfaits commis dans la juridiction (*Notices et extraits des manuscrits*, publiés par l'Académie des inscriptions et belles-lettres, t. xiv, p. 396).

Le nom de ce consul R.-S. d'Engalin sert à donner une date à la rédaction des établissements, ou tout au moins à celle de l'art. 91.

blat, aquel que aian voluntat de far moler, a las mazos assignadas on son los pes (1), e sian tengut de dar per la conqua pesar .ii. liuraus de blat que pezara, on .i. liura del sester e meia liura de l'aymina e .i. carton del liurau; e totz home e tota femna que no a fara que peche .x. sols de morlas el blat encos, e quet o quera que a fara saber al coselh que n'aura lo quart, e que l'en ciran selad.

92. Que nulhs hom ni nulha molher no bena vin en gros als tauernes ni als corates per arebener a taberna, en pena de .xx. sols de morlas, los quals pague aquel que benera lo vin als ditz coreters ni als ditz tauerners; los quals .xx. sols de morlas sian tengut de pagar ses tota merce, sil coselh ac pot saber per leials sabensas, e qui ac portara al coselh, sis troba, que n'aia lo quart (2).

93. Que nulh coreter ni nulh taberner saubut e usat en la ciutat de Laitora no compre ni fassa comprar vin per arrervendre a taberna, en pena de .xx. sols de morlas e encorement del bin que benera ses tota merce, sil coselh ac pot saber per leials sabensas, e qui ac portara als coselh, sis troua, que n'aia lo quart.

94. E si nulhs hom ni nulha femna compraua vin per los ditz tabernes ni coretes per arrerbener a taberna, que pecha .xx. sols de morlas, e aquel home que ac portara al coselh per leial sabensa que n'aia lo quart.

95. Ni nulhs hom ni nulha femna no done ni sia tengut de donar ni de pagar a nulh taberner per mesurar vin a taberna mas de dus dines morlas per cada somada e ses autre mesion, e quel plus l'en dara ni aquel que ac prenera, cada .i. de lor, paguen e sian tengut de pagar .xx. sols de morlas de pecha ses tota merce, e totz hom e tota femna qui ac portara al coselh per leials sabensas que n'aia lo quart.

96. E tot taberne que mesurara vin a taberna, lo que ♥in sera benutz, sia tengut d'areder comte del vin que benutz aura al

---

(1) Ces maisons étaient à cette époque situées en face de l'hôpital du Saint-Esprit, aujourd'hui le collège. « ...renda a la biela per ung hostau... lo qual es el carton de Relhas deuant l'espitau de Sent Sperit, on antiquament sole esta lo pes del blat de la biela, confronta ab la carrera maior e ab lo mercadiu... » 5 juin 1399. Fiefs de la ville (*Livre blanc*, f° 33, Arch. mun.).

(2) Voir plus haut, art. 20.

senhor d'aqui sera lo vin, dens .II. dias, el sia tengut d'arener los diers que pres aura del vin que venut aura; e si no a fazia el coselh n'auia rencura, que peche .XX. sols de morlas, e complisca aquero qu'en falhira del que benut aura; e si pagar e complir no podia la summa del vin que mesurat aura, que eston en la tor (1) tant entro que pegat e complit aguessa la summa del vin que mesurat aure (2).

97. E tot home qui beua vin en taberna, si s'en ba ses pagar lo vin que pres aura en la taberna ses voluntat del taberne o gadge no y laissa, que peche .V. sols de morlas, si rencura n'era feita al coselh; e si pagar nols pot, quel meta hom en la tor (3) entro pague la dita pecha, o que eston a l'esgart del coselh.

98. E si nulhs tauerner ni nulh corater saubut deslausaua ni blasfamaua nulh vin ques benos a taberna dels habitans de Laitora, si rencura era feita al coselh, que pecha .V. sols de morlas, o sis troba per leials sabensas ses rencura.

* * *

22 JUIN 1343.

ADDITIONS AUX COUTUMES,

PORTANT RÈGLEMENT SUR LES ÉLECTIONS CONSULAIRES,
LES TRÉSORIERS ET BOURSIERS DE LA VILLE, ETC.

(Arch. mun., AA. 1.)

SOMMAIRE :

Préambule. — Art. 1, 2, 3. Le commun peuple, exclu jusqu'à ce jour du consulat, pourra être éligible ; consuls ne pourront être réélus après quatre années de charge; incompatibilités. — Art. 4, 5, 6, 7, 8, 9, 10. Aucune distinction ne sera faite entre les bourgeois et ceux du commun ; deux consuls tiendront toujours audience à tour de rôle pendant un mois ; délai pour juger les contraventions ; chaque année les consuls éliront quatorze jurats ; le jurat ne sera pas appelé dans une affaire où il sera partie ; ils seront convoqués en la maison commune, les bailes pourront les contraindre à s'y rendre ; tout record sera exécuté et ne pourra être

_____

(1) Voir cout., art. 82; établ., 72.
(2) Voir plus loin aux additions à la coutume, art. 15 et suivants, les dispositions nouvelles introduites en 1343 à ce sujet.
(3) Cout., art. 82 ; établ., 72, 96.

.. modifié qu'avec le. concours des jurats . qui l'auront tenu. — Art. 11 et 12. Cas
d'inéligibilité; les habitants de Lectoure ne peuvent être bailes. — Art. 13 et 14.
Des trésoriers et boursiers; ils ne peuvent être réélus après six ans de charge. —
Art. 15-17. Des taverniers. — Art. 18 et 19. Bestiaux; défense de les tenir aux
vignes et oseraies. — Art. 20. Défense de porter des plombées; pénalités

———

Las causas que s'en siegon foron establidas e per maneira
d'establimentz e de costumas ordenadas per lo commun e univer-
sitat de la cioutat de Laitora, en la gleissa de Sent Sperit (1), e
confermadas per lo noble e poderos senhor mosenhor en Robert
senhor de Faudethot, senescal e gobernador d'Agenes e de
Gascunha per nostre senhor lo rey de Fransa (2), e per en Bertran
de La Porta, baile de Laitora per lo senhor Auesque, sober la
election del coselhadge de Laitora, cert coselhs, e sober algunas
autras causas l'estament (3) e formacion de la dita ciutat conto-
cans, lo diuendres deuant la festa de la Nativitat de Sent Johan
Babtista, que fo .xx. e .ii. dia el mes de jun e l'an M° CCC° e XLIII. .

1. E totz prumerament fo establit e ordenat que d'esi enant
per totz temps, la election dels coselhs sia del comun de la ciutat
de Laitora, esclusit dels totz los coselhs de la dita ciutat.

2. Item, que aquels que l'an vient e d'aqui enant successament
seran coselhs de .iiii. ans apres l'an que seran estatz coselhs
continuat e complitz, no sian ne puescan esser coselhs de la dita
ciutat.

(1) Voir plus loin, syndicat pour les limites.
(2) « En Robert senhor de Faudethot », Robert d'Houdetot, chevalier, maître
des requêtes de l'hôtel du roi de France, son sénéchal et gouverneur au pays
d'Agenais et Gascogne, grand maître des arbalétriers de France, prit une part
des plus actives à la guerre contre les Anglais, assembla à Agen les consuls des
principales villes de sa sénéchaussée, Agen, Condom, Bazas, Marmande, la Réole,
etc., pour délibérer sur les besoins du pays, et particulièrement sur ce qu'il
conviendrait de faire à l'arrivée du duc de Normandie (1344); défendit les
places de la Garonne et de la Dordogne, s'unit à Arnaud Guillem, comte de
Pardiac, et fut fait prisonnier des Anglais à l'affaire de Bajamont; les villes
s'assemblèrent pour sa rançon. De retour en Normandie, d'où il était originaire,
il mit le siège devant Pont-Audemer, occupé par les troupes Anglo-Navarraises,
en 1356; il mourut en 1358 (Archives communales d'Agen, série BB. — *Hist. de
Gasc.*, t. III, p. 304. — Froissart, édition de Siméon Luce, t. IV; sommaire, p. 67,
note 1. — P. Anselme).
(3) *L'estament, estamen,* état, situation (Roquefort, Raynouard, etc.).

3. Item, que ara ni per temps d'assi enant, la que coselh sera elegit per lo commun, lo comun no eliesca ni puesca eligir en coselh fray ni pay, filh ni oncle, ni nebot, ni cosin german, (nil sue (1) son gendre nil gendre son sue) (2), dels coselhs qui seran estatz l'an deuant.

4. Item, que en la election dels coselhs no sian mentangutz aquels son borgues ni aquels de comun, ni alguna differencia o destinction no sia entre borgues o autres cominals, abans puescan esser eligitz o tutz borgues o tutz de comun o la 1ª partida de borgues o l'autra de comun, en la forma en la maneira que al comun sera vistz, no feita mencion en la election de borgues e de comun (3).

5. Item, que dus dels coselhs que seran l'an vient e dequi enant successament tengan e aian a tenir contenuadament per .i. mes audiensa en la mayson cominal de Laitora.

6. Item, que los ditz coselhs las pechas que seran portadas en la mayson cominal de Laitora judgen e aian a judjar dedintz .xv. dias apres lo dia que portadas seran per las gardas, e dedintz .i. mes que las leuen o sian tengut de far leuar.

7. Item, que cascun an los coselhs qui seran aian [a eligir e] elies-can .xiiii. (4) juratz de la dita cioutat, prohomes e de bona fama.

---

(1) *Sue*, gascon, pour *suegre*, beau-père.

(2) Les mots entre parenthèses sont exponctués.

(3) Nous avons fait remarquer, à l'art. 50 de la coutume, que si les consuls étaient élus au suffrage universel *(per la universat el cominal)*, tous n'étaient pas indistinctement éligibles. L'article 1er du présent règlement l'indique suffisamment. « [Lo] comun... esclusit de totz los coselhs de la dita ciutat ». Les conséquences du mouvement démocratique qui s'étaient déjà fait sentir dans le siècle précédent, amenèrent les réformes du règlement consulaire de 1343. Ce mouvement paraît être favorisé par le pouvoir royal lui-même dans toutes les cités méridionales où l'oligarchie bourgeoise qui les gouverne se voit combattue par le commun peuple (Voir *Hist. de Languedoc*, notes, t. VII, p. 569). A Lectoure, la réforme est complète, et l'article 4 va jusqu'à exiger que dans l'élection il ne soit fait mention ni de bourgeois ni d'homme du commun. On verra plus loin, aux statuts de 1506 sur les élections consulaires, un mouvement en sens inverse amener les réformes aristocratiques, qui ont duré jusqu'au dernier siècle. Ils établissent qu'à l'avenir l'élection sera faite par soixante personnages, qui formeront la *Jurade* (voir 2e partie).

(4) Ici, nous pensons qu'il y a une erreur, ce serait treize et non quatorze. Le record de 1491, que l'on verra plus loin, l'indique d'une façon précise : « ... cum en lo temps antic... los cossos am trese personages poden remostra... ».

8. Item, que algun jurat no sia aperat per acoselhar lo coselh en alguna causa on sera o fara partida (1).

9. Item, que los coselhs de la dita ciutat aperen o fassan venir d'esi enant los juratz, la que voleran auer coselh ab lor, en la mayson cominal de Laitora e no en autre loc; e que los bailes de Laitora compelliscan e puescan compellir los juratz a venir a la dita maison cominal e per acoselhar los coselhs sober los ditz negocis.

10. Item, que cant los coselhs qui seran per temps auran agut cosselh o arecort ab los juratz, una betz, sober .ɪ. negoci o .ɪ. artidgle defingit, que los coselhs lo dit arrecort e coselh encontenent exceguiscan, no agut ni esperat autre coselh o acort, sino que los medihs juratz que seran estatz el dit coselh o acort e no autres fossan presens e aperatz, e que lo negoci agues mestier d'auer mes coselh o acort, en autrement no.

11. Item, que d'asi enant nulh home que aia bandas o fassa partida, en la dita ciutat, no sia eligit coselh de la dita ciutat.

12. Item, que d'esi enant nulh ciutadan de Laitora no sia ni puesca escer baile ni regent la bailia de Laitora ni loctient de baile o de regent.

13. Item, que d'esi enant, cascun an lo dia que los coselhs seran eligit, aqui medihs feita la election dels coselhs, seran eligit per lo comun de la dita ciutat dus bos homes de la medihssa ciutat e sufficiens, los quals toqueran e receberan totz los provenimentz e omolumentz apartenens a la mayson cominal e a la universitat de Laitora e juraran als sans auangelis de Diu, qu'est, finit l'an el qual seran eligit recebedors dels ditz emolument, dens .ɪ. mes apres, el redan publicament, al comun, compte bon e leial de las causas que recebudas auran, e en lor offici ben e leialment s'auran, e totz los arreradges degutz mostraran, e balharan en gadges penhoratz valentz los ditz dampnadges o plus, e que de las causas que receberan no motoran en los propis usadges ni d'autruy abans la part apartenent al senhors e la viela; e els, dampneiadge a las gardas meteran en la bosa de cascun, ordenada en la maison cominal, e redan a cascun la part ben e leialment.

(1) Voir l'art. 22 de la coutume.

14. Item, que aquels que l'an vient ni d'aqui a enant successiu-ament seran recebedos dels emolumens de la mayson cominal de Laitora, de .VI. ans apres l'an que seran recebedors dels ditz emolumentz contenuatz e complitz, no puescan esser ni sian recebedors dels omolumentz soberditz.

15. Item, que d'asi enant nulh taberne que aia usat ni acostumatz continuadament mesurar vin, no mesura ni fassa mesurar vin d'algun habitan de Laitora, e asso en pena de .LXV. sols de bos morlas.

16. Item, que algun habitant de Laitora no fassa mesurar vin a nulh taberner usat, sino tant solament a su medihx o autre de sa companha de son ostal, e aso en pena de .LX. e .V. sols de morlas.

17. Item, que nulh habitant de Laitora no bena vin, sino en berenhas, algun taberner usad ni acostumat en la dita ciutat de Laitora per arrevendre, e aso en pena de .LX. e .V. sols de morlas (1).

18. Item, que algun habitant de Laitora no puesca assegurar lo bestiar, sino que fos de son pay o de son filh o de son fray o de son cosin german.

19. Item, que algun habitant de Laitora en degun temps en sa vinha ni l'autruy ni en s'aubareda ni en l'autruy no meta ni tenga bestiar; e si a fe, que pague la pecha acostumada a pagar per bestiar can da dampnadge.

20. Item, que tot home que porte plomada o plomadas (2), si es trobatz en la ciutat de Laitora portan la dita plomada o plomadas, sia pres per la dita senhoria e que la dita plomada o plomadas sian fundudas, en la man d'aquetz qui las portan metudas fundudas.

(1) Voir pour ce nouveau règlement des taverniers, les nᵒˢ 93 et suivants des établissements qui précèdent.

(2) *Plombée*, massue garnie de plomb (*Dict.* de Littré, au mot *plombée*).

Dans certaines coutumes la peine était moins sévère, puisque à Lectoure elle consistait à faire fondre le plomb dans la main de ceux qui portaient les « plommées ».

13 novembre 1343.

CONFIRMATION DES COUTUMES, ·
ÉTABLISSEMENTS ET RÈGLEMENTS QUI PRÉCÈDENT
PAR JEAN 1er, COMTE D'ARMAGNAC.

(Arch. mun. AA. 1. — Original.)

Quas quidem consuetudines, libertates, usus et statuta omnia universa et singula supra scripta, Nos Johannes, Dei gratia Comes Armaniaci, Fezenciaci, Ruthene et vicecomes Leumanie et Altivillaris (1), de nostra certa sciencia et cum plena deliberatione nostri consilii, confirmamus, laudamus, ratifficamus ac etiam approbamus . et valere, tenere perpetuo volumus ac obtinere perpetuam roboris firmitatem, nec non consuetudines ipsas,

----

(1) Jean Ier d'Armagnac, fils de Bernard et de Cécile de Rodez (1305-1373). Les vicomtés de Lomagne et d'Auvillar avaient été cédées, en l'année 1301, à Philippe le Bel par Hélie de Talleyrand. Le roi de France les fit passer l'année suivante sur la tête de Philippe, son second fils, et ce dernier, lors du couronnement du pape Clément de Goth, les rendit à son père, qui en disposa sur le champ en faveur d'Arnaud Garsie de Goth, frère aîné du pontife (1305). A cette date, la noblesse de Lomagne et les consuls prêtèrent serment de fidélité et la donation royale fut ratifiée par l'abbesse et les religieuses de Sainte-Claire de Périgueux, parmi lesquelles Marquèze, héritière de Talleyrand et de la vicomtesse Philippa, avait pris le voile. Héritière à son tour de la maison de Goth, Régine, par son testament du 12 août 1325, légua les vicomtés de Lomagne et d'Auvillar à Jean d'Armagnac, son mari, ainsi que toutes les terres qu'elle possédait dans le Bazadais, l'Agenais, la Gascogne, le Périgord, le Comtat Venaissin et la Provence. Deux ans après, à la suite des prétentions soulevées par le roi d'Angleterre, les vicomtés furent saisies au nom de la France, et le comte d'Armagnac reçut 2,000 livres de rente assises sur le comté de Gaure, en compensation de la cession qu'il consentit pour s'y soustraire et éviter en outre les réclamations incessantes des parents de Régine. Le comté de Gaure ayant été cédé à l'Angleterre, Jean se serait vu forcé de signer alors avec le monarque anglais un traité qui n'aurait jamais été mis à exécution. Enfin, le 18 août 1343, les vicomtés lui étant définitivement rendues, la noblesse de Lomagne lui prêta serment de fidélité et lui rendit l'hommage accoutumé. Le 13 novembre de la même année, il reçut aussi l'hommage des consuls de Lectoure, et, après serment réciproque de fidélité, il confirma les coutumes et les privilèges dans l'église cathédrale de Saint-Gervais (*Hist. de Gascogne*, t. III. — *Documents historiques sur le Rouergue*, Barrau, t. i. — Arch. mun. de Lectoure, série AA).

libertates, usus et statuta omnia et singula tenere et observare
ac tenere et observare facere per nostros officiales quoscumque
promittimus, et ad sancta Dei evangelia nostra manu propria
dextra juramus ; ita quod per cassationem, irritationem et annu-
lationem trium articulorum superius cancellatorum (1) nolimus
nec intendimus aliis consuetudinibus, libertatibus, usibus et
statutis, in toto nec in parte, prejudicare nec etiam derogare. Ymo
expresse ipsas consuetudines, libertates, usus et statuta, cassatione,
irritatione et annulatione predictis in aliquo non obstantibus,
volumus perpetuo habere et obtinere roboris firmitatem. Et ut
predicta omnia et singula perpetuam obtineant roboris firmi-
tatem, nos comes et vicecomes predictus, in fidem et testimonium
premissorum, sigillum nostrum (2), quo in talibus utimur, hiis
presentibus in pendenti duximus apponendum : XIIIᵃ die mensis
novembris, anno Domini Mº CCCº XL tertio, in ecclesia Sancti
Gervasii Lactore, in presentia et testimonio venerabilium virorum
dominorum Petri Aurelzerii, judicis majoris Agenensis et
Vasconie, Petri de Casetone, judicis ordinarii citra Garumnam
Agenensis (3); necnon nobilium dominorum de Monteladuno,
Guilhelmi Raymundi Orci de Cauomonte (4), Pontii de La Garda,

(1) Art. 1, 2 et 74 de la coutume.

(2) « Carta sigillata est sigillo magno dicti domini comitis condam cere
« viridis, in quo sigillo est effigies dicti domini comitis super equum existentis,
« et in dorso dicti sigilli est contra-sigillum armorum ejusdem domini » (Extrait
d'un instrument expédié par Guilhaume de Loram, notaire de l'Isle-Jourdain,
collationnaire des papiers de feu Mᵉ Bertran Barreria, notaire et secrétaire
de Jean V, comte d'Armagnac, contenant les hommages rendus par les consuls
de Lectoure aux comtes d'Armagnac, le 13 novembre 1343, 16 mai 1388,
15 mai 1398, 21 septembre 1418. — Instrument du XVIᵉ siècle, sur parchemin.
Arch. mun., série AA). Le sceau du susdit comte est encore appendu à la
charte originale de confirmation que nous avons transcrite, altéré quant au
sceau, le contre-sceau bien conservé (Arch. mun., AA. 1).

(3) Prestation de serment aux consuls d'Agen par le juge-mage et le juge
ordinaire d'Agenais et Gascogne, Pierre Aurelzer et Pierre de Caseton, 1343-
1344 (Arch. communales d'Agen, série BB).

(4) « Dominus Orchus de Cauomonte, miles, dominus de Capella, senes-
« callus vicecomitatum Leumaniæ et Altivillaris ». Orch de Caumont figure
parmi les seigneurs de Lomagne qui firent hommage au comte Jean Iᵉʳ en
1343, et comme témoin dans les actes d'hommage et serment de fidélité
réciproque entre ledit comte et les consuls de Lectoure en la même année.
Il figure encore comme arbitre dans les différends des consuls de Lectoure

militum; Bartholomey de Pinibus, Besiani de Jumato, Odeti de Campanesio, Theobaldi de Badarato, Ausberti de Gueyna, domicellorum; domini Ramundi de Montellis (1), legum doctoris, magistri Raymundi Canhas, clerici regii, magistrorum Ramundi Martelli, Johannis Meruli, Petri de Sironensis, notariorum regiorum.

———

Tours. — Décembre 1448.

LETTRES PATENTES DE CHARLES VII

PORTANT CONFIRMATION DES COUTUMES DE LECTOURE, ET CONTENANT VIDIMUS D'AUTRES LETTRES PATENTES DONNÉES A CET EFFET : 1° PAR PHILIPPE VI DE VALOIS, EN JANVIER 1333; 2° PAR CHARLES V, EN MAI 1369.

(Arch. mun., AA. 2; trois peaux parchemin; le sceau manque. — Original).

Karolus, Dei gracia Francorum Rex, notum facimus universis presentibus et futuris nos felicium recordationum Philipi et Karoli, quondam Francorum Regum predecessorum nostrorum, ad requestam civium, burgencium et habitatorum ville nostre Lectorensis, vidisse literas, formas que sequntur continentes; et primo literarum dicti Philipi (2) :

---

avec ceux de Saint-Avit pour les limites en 1352, ainsi qu'avec ceux de Terraube à la même date (Arch. mun. de Lectoure, série FF. — *Hist. de Gascogne*, t. III).

(1) On retrouve le nom de Raymond de Monteil dans l'acte de défense fait au nom du comte d'Armagnac au seigneur d'Avensac qui prétendait qu'Avensac ne dépendait pas de la Lomagne, 1344 (*Hist. de Gascogne*, t. III, p. 272).

(2) En 1333, le comte d'Armagnac, Jean Ier, à la tête de la noblesse de Languedoc, défendait en Italie les intérêts du Saint-Siège avec Jean de Luxembourg, roi de Bohême. Fait prisonnier au siège de Ferrare, il paya pour sa rançon, l'année suivante 1334, vingt mille florins d'or. La Lomagne était du reste, à cette époque, sous la main du roi de France, et les principales villes de Guyenne, malgré toutes les faveurs dont semblait vouloir les entourer le roi d'Angleterre pour les gagner à sa cause, tendaient à se rapprocher de plus en

Philipus, Dei gracia Francorum rex, notum facimus universis tam presentibus et futuris nos infra scriptas vidisse literas, formam que sequitur continentes : « El nom del Pay e del Filh e del Sant « Esperit, amen. Comensan las costumas etc., etc. » (*Suit le texte jusqu'à ces mots :* « e nos lor jurem tenir e gardar lors fors e lors usages »)... Nos autem ad supplicationem consulum (1), juratorum et habitatorum civitatis et ville de Lectora predicta quos favore benevolo prosequi volumus graciose, ipsosque in eorum libertatibus, immunitatibus, franchesiis, usibus et coustumis quibus hactenus usi sunt pacifice manuteneri etiam et foveri, predicta omnia et singula in dictis literis contenta rata habentes et grata, ea volumus, laudamus, ratificamus, approbamus et auctoritate nostra, tenore presentium, confirmamus, salvo jure nostro in predictis omnibus et etiam jure quolibet alieno ; quod ut firmum et stabile permaneat in futurum presentes literas sigilli nostri fecimus impressione muniri. Datum apud nemus Vicennium, anno Domini millesimo tregentesimo trecessimo tercio, mense januarii. — Et erat scriptum super margine inferiori litterarum superius insitarum : Per dominum regem ad relationem domini Remundi Sagneti et domini Ferriti de Piguegny (2). P. Caisuot. Facta est collatio cum originalli de verbo ad verbum per me Caisuot.

Item litterarum dicti quondam Karoli (3): Karolus, Dei gracia

plus du pouvoir royal. Déjà, en 1323, Édouard II, demandant à l'évêque de Lectoure quelques subsides pour aller châtier les Écossais, ajoutait qu'il ne voudrait certes pas être l'occasion d'un trop grand préjudice pour son église et le pays. En 1326, Édouard III, à son avènement, se hâtait d'envoyer le pardon à tous les seigneurs gascons qui avaient porté les armes contre son père. En 1330, deux commissaires anglais, envoyés par lui en Gascogne, avaient mission d'écouter toutes les plaintes, de corriger les abus, de traiter avec les seigneurs, faire des offres aux villes (de Gaujal, *Études sur le Rouergue*, t. II. — *Hist. de Gasc.*, t. III. — Rymer, *Rôles gascons*, t. II, part. 2, page 60).

(1) Les consuls de Lectoure pour l'année 1333, étaient : Raymundus Guillelmus de Plumassano, Arnaldus de Nusan, Guillelmus de Malus... (Titres de fondation d'une chapelle en l'ancien prieuré de Plumassan, communiqués par M. Henri de Barciet de Labusquette. Arch. mun., série GG, copie).

(2) *Piguigny* ou *Péguigny*, illustre maison de Picardie.

(3) Les lettres patentes de Charles V pour la ville d'Auch, à la même date, sont identiques. La France avait essuyé les désastres de Crécy, sous Philippe de Valois, en 1346, ceux de Poitiers, sous Jean-le-Bon, en 1356. Le traité de Brétigny avait donné au roi d'Angleterre la suzeraineté sur les pays de Foix, Armagnac et Comminges, en 1369 ; Édouard avait établi un impôt de 10 sous

Francorum Rex. Celestis altitudo potentis que super cuncta tenet imperium et que nos sua benigna disponente gracia stabilivit in regem et ad regni fastigia provexit, divinitus nos amonet ut ipsum regnum et ejus subditos et benevolos in pacis tranquilitate tenere et fovere et circa ea que ipsius regni et nostrorum subditorum, presertim illorum qui in hiis que regie majestati conveniunt, non demum peticiones suas equitati et racioni consonas exaudire honorabiliter teneantur eosque favoribus, comodis et graciis benigniter ampliare : sane considerantes grata et laudabilia servicia que dilecti et fideles nostri consules, burgenses, mercatores et habitatores civitatis et ville Lectorensis nobis fideliter impenderunt, qui tanquam boni, veri et fideles in perfecta voluntate persistentes, nos in suum naturalem et superiorem dominum conoscentes, se in nostra obediencia libere ac voluntarie reddiderunt. Notum igitur facimus universis tam presentibus quam futuris quod nos, hiis et pluribus aliis justis et legitimis causis et consideracionibus animum nostrum ad hoc moventibus, ipsorum consulum, burgensium, mercatorum et habitatorum... pro parte ipsorum nobis humiliter pietate favore benevolo amonentes, eisdem consulibus, burgensibus, mercatoribus et habitatoribus omnibus et singulis ejusdem civitatis et ville Lectorensis, cujuscumque status, sexus vel condicionis existant, ex plenitudine potestatis regie, certa sciencia et gracia speciali nostris, concessimus et concedimus per presentes, ut ipsi omnes et singuli et eorum heredes et successores presentes et futuri, ex nunc et in posterum, perpetuis temporibus, ad quascumque civitates, villas, castra, terras et loca regni nostri ubicumque in dicto regno existant, ire et se transferre, morari et remanere, resque, mercimonia et mercaturas et alia bona sua que licita portare, ducere

par feu dans la Guyenne. Le comte d'Armagnac, à la tête des seigneurs gascons, refuse de se rendre aux États d'Angoulême, et porte ses plaintes au pied du trône de France. Le prince de Galles est mandé à Paris ; sa réponse arrogante est le signal de la guerre. Tout le Midi se soulève ; les villes se mettent sous la protection du roi de France ; Auch et Lectoure furent des premières (1369). « Se in nostra obedientia libere ac voluntarie reddiderunt ». Le roi, non seulement confirme leurs priviléges, les affranchit de toute imposition dans tout le royaume pour les marchandises, mais encore de la cotisation pour la rançon du roi Jean, son père « ... pro redemptione inclite recordationis carissimi domini et genitoris « nostri... » (Lafforgue, Hist. d'Auch, t. I. Pièces justificatives).

et conducere seu portari et conduci facere et de illis mercari illasque vendere et omnia alia sua negocia, dolo et fraude cessantibus, possint et valeant exercere et complere, illasque non venditas et alia mercimonia, merces et mercaturas quascumque licitas emere et emi facere, et in dictis civitatibus, villis, castris, terris et locis stare, remanere et ad loca sua per se vel per alios conducere et conduci facere quociescumque voluerint et eisdem videbitur expedire sub securo conductu ac protectione et salvagarda nostris; absque eo, quod ipsi consules, burgenses, mercatores et habitatores ipsius civitatis et ville Lectorensis, eorum heredes et successores et singuli eorumdem presentes et futuri, pro emptione dictarum mercimoniarum et mercaturarum aut aliorum bonorum quorumcumque per eos seu emptores, impositionem, gabellam, pedagium, leudam ac quamcumque aliam exactionem, tam pro redemptione inclite recordacionis *Carissimi Domini et Genitoris nostri* quam alias in regno nostro nunc impositas et de cetero imponendas, solvere teneantur : quos quidem emptores duntaxat ab eisdem impositionibus, subsidiis, gabellis, pedagiis, leudis et quibuscumque aliis exactionibus pro dictis mercibus, mercimoniis seu mercaturis per eos et eorum singulos emptis, ut premissum est, perpetuis temporibus esse volumus quietos penitus et immunes. Dantes tenore presentium in mandatis senescalis Tholose, Carcassone, Ruthenensis, Bellicadri, ceterisque senescalis, baillivis, prepositis, judicibus et thesaurariis, capitaneis ac bonarum villarum castrorumque et fortaliciorum, portuum et passagiorum seu districtuum quorumcumque custodibus, receptoribus, pedagiariis seu impositoribus, aliisque justiciariis, officiariis et subditis, in quibuscumque locis regni nostri constitutis, modernis et posteris, seu eorum locatenentibus et cuilibet eorumdem, prout ad eum pertinuerit, quatenus prefatos consules, burgenses, mercatores et habitatores civitatis et ville Lectorensis aut eorum successores et singulos eorumdem presentes et posteros contra tenorem nostre presentis gracie et concessionis nullatenus molestent, impediant seu perturbent aut molestari, impediri seu perturbari permittant a quocumque; imo ipsos et eorum singulos et suos heredes et successores de cetero uti pacifice faciant et gaudere. Quod ut firmum et stabile perpetuo perseveret, nostrorum presentibus litteris fecimus apponi sigillum, salvo in aliis jure nostro et in omnibus quolibet alieno. Datum apud nemus Vincennum anno Domini millesimo trecentessimo sexagesimo nono, regni vero nostri sexto, mense maii. Sic signate per Regem, N. de Veires. Visa.

Que omnia singula superius inserta et narrata rata et grata habentes, e a laudavimus, ratificavimus et aprobavimus, laudamus, ratifficamus et aprobamus ac de nostra speciali gracia et auctoritate regia confimamus ipsis supplicantibus suisque heredibus, successoribus et posteris, exceptis contentis in primo articulo (1) in quo cavetur, quod consuetum est in civitate Lectorensi, quod casu quo guerra esset seu discordia moveatur in dicta terra Lectorensi inter dominos dicte civitatis, domini predicti ad requestam consulum seu proborum hominum civitatis predicte debent et tenentur liberare et tradere in manibus consulum seu proborum hominum ejusdem civitatis castra, turres et alia fortalicia que haberent in dicta civitate Lectorensi; que castra, turres et fortalicia dictum consilium seu probi homines custodire et servare tenebuntur durante dicta guerra et quousque erit pax seu concordia inter ipsos dominos; in quo casu et ipso adveniente volumus atque ordinamus et huic ratificationi seu confirmationi annectitur, quod castra, turres et fortalitia predicta ponentur et remanebunt in et sub manu nostra tanquam superna durante dicta guerra seu discordia et quousque pacificati fuerint. Quarum tenore presentium senescallis nostris Tholose, Carcassone et Bellicadri, Ruthenensis et Agenensis ceterisque justiciariis, officiariis et subditis nostris mandamus quatenus dictos supplicantes, eorum etiam posteros et successores, nunc et in futurum perpetuis temporibus, nostris presentibus gracia, ratificatione, aprobacione et confirmacione privilegiorum superius scriptorum et declaratorum, in quantum rite et debite usi sunt et gavisi fuerunt, exceptione prohibita salva, uti et gaudere pacifice faciant et patiantur, nichil in contrarium permitti facientes, imo ea que in contrarium facta essent vel forent, revocent seu reparent aut reparari faciant indilate. Quoniam sic fieri volumus, presentibus litteris sigillum nostrum in testimonium premissarum apponi

---

(1) Voir coutume, art. 1 et 2, et la note.

faciendo, salvo in aliis jure nostro et in omnibus quolibet alieno. Datum in oppido nostro Turonensi, mense decembris, millesimo quadringentesimo quadragesimo octavo (1), regni vero nostri vicesimo septimo.

(Au repli :)

Per regem in suo consilio.

. De Laloere.

Visa content.

Frement.

———

Toulouse. — avril 1449.

LETTRES DU SÉNÉCHAL DE TOULOUSE
SUR L'ENREGISTREMENT ET L'EXÉCUTION DES LETTRES PATENTES
DE CHARLES VII.

(Arch. mun., AA. 2; parchemin. — Original.)

Galaubias de Panassaco (2), miles, dominus de Panassaco, cambellanus et consiliarius domini nostri Francie regis, ejusque senescallus Tholosane et Albiensis, comissarius in hac parte

---

(1) Deux ans auparavant, le 14 mars 1446, les lettres de rémission en faveur de Jean IV d'Armagnac, en lutte contre le roi de France depuis quelques années, avaient été entérinées par le Parlement de Toulouse. Elles ordonnaient la restitution des domaines au comte d'Armagnac, à la réserve toutefois : 1° des droits régaliens; 2° des places usurpées dans le Comminges; 3° des quatre châtellenies du Rouergue; 4° des places et seigneuries de Lectoure, Capdenac, Entraygues, Beaucaire, Severac et de quelques autres (De Gaujal, *Études hist. sur le Rouergue*, t. II. — *Hist. de Gasc.*, t. IV, pages 277 et suivantes). La capitainerie du château de Lectoure fut donnée à Philippe de Culant, maréchal de France (Mémoires au procès du sénéchal d'Armagnac, et le baillage du Brulhois, Arch. mun., série FF).

A cette époque, une garnison avait été placée au château de Lectoure par le Dauphin, maître de l'Armagnac, depuis l'année 1444; à la suite des exactions qu'elle commettait, les habitants se soulevèrent et assiégèrent le château. La sédition fut apaisée par le comte d'Astarac et le seigneur de Faudoas, mandés à Lectoure par le premier président du Parlement, 1445 (*Hist. de Gasc.*. t. IV, p. 285. — D. Vaissete, t. v, p. 8).

(2) G. de Panassac (de la maison de Comminges), chevalier, chambellan et conseiller du Roi, sénéchal de Toulouse et d'Albigeois, fut députe par le Roi, en 1442, vers les comtes d'Armagnac, Foix et Comminges et le vicomte de Lomagne, fils du comte d'Armagnac, pour les engager à s'unir aux troupes

auctoritate regia depputatus, universis justiciariis et officiariis dicte senescallie et aliis ad quos presentes littere pervenerint aut eorum locatenentibus salutem. Visis litteris regiis patentibus dicte nostre comissionis in pargameno scriptis et sigillo regio in cera viridi et filis ciriceis impendente sigillatis, descriptis in tribus pellibus pargameni, datis in oppido regio Turonensi in mense decembris proxime lapso, nobis seu curie nostre pro parte consulum (1), burgensium, civium et habitatorum civitatis Lactore presentatis et in registris curie nostre registratis, continentibus confirmacionem privilegiorum dictis consulibus, burgensibus, civibus et habitatoribus predicte civitatis Lectore concessorum, per dictum dominum nostrum regem factam, modo et forma in dictis litteris regiis contentis et consensu procuratoris Regis generalis dicte senescallie, virtute litterarum regiarum dicte nostre comissionis, mandamus vobis et universis, cuilibet prout pertinuerit et fuerint requisiti, quatenus predictos consules, burgenses, cives et habitatores predicte civitatis Lectore eorumque posteros et successores, nunc et in futurum, dictis litteris, gracia, ratifficacione, aprobacione et confirmacione privilegiorum predic-

royales que le Roi venait commander en personne dans le Midi contre les Anglais. Il figura cette même année aux sièges de Tartas, de Saint-Sever et de Dax (*Hist. de Gascogne*, t. IV. — Monstrelet, t. II).

Voici sur ce personnage une notice plus complète, que nous devons à l'obligeance de M. J. de Carsalade :

[Galaubie de Commingens d'Espagne, seigneur de Panassac, Arrouède, Manent, Bézues, Bernet, Saint-Arroman, Loubersan, Montgardin, en Astarac, et de Seysses, près Toulouse, était un des survivants de cette armée de Gascons qui portèrent si haut le nom d'*Armignac* sous Jehanne la Pucelle. Il était compagnon, frère d'armes de Xaintrailles et de La Hire. Charles VII le nomma son conseiller et son chambellan, et plus tard, en 1442, le créa sénéchal de Toulouse. Il mourut plein d'années et de gloire, le 25 juillet 1461. Il fut enterré dans l'église des Dominicains de Toulouse, dans la chapelle de Saint-Gabriel, archange, son patron (Gabriel, par une métathèse commune en Gascogne, est devenu Galaubie). Il fit par son testament de grandes libéralités au couvent. Les moines firent graver sur les murs de cette chapelle cette inscription commémorative : *Issi es la capella de Moussur Gabriel de Panassac, cavaille, segnou de Panassac et chambellan del Rey nostre segnou.* — Sa postérité s'est éteinte, à la fin du XVIe siècle, dans l'illustre maison de Noailles, ducs d'Ayen.]

(1) Noble Manaud de Santa-Gema, Johan de Las, Pey Lagarda, Guiraud Rayne, Johan de Maur, consuls de Lectoure de l'année 1448-1449 (Arch. mun., DD. 1. *Livre blanc*, fol. 34 vo).

tórum in ipsis litteris scriptorum et declaratorum, in quantum rite, recte et debite usi sunt et gavisi fuerunt... (1), uti et gaudere pacifice faciatis, paciamini et permittatis, nil in contrarium faciendo aut permittendo, quecumquevis in contrarium facta ad statum pristinum et debitum reducendo seu reduci faciendo, indilate inhibendo, ex parte regia atque nostra, quibuscumque personis de quibus expedierit et fueritis requisiti, ne dictos consules et habitatores Lectore contra formam et tenorem dictarum literarum regiarum et privilegiorum predictorum turbent, vexent, inquietent seu molestent aut id fieri faciant, permittant seu procurent, sub pena decem marcharum argenti domino nostro regi applicanda : quibus nos per presentes inhibemus; et in casu opposicionis, partes opponentes, ad certam et competentem diem infra primam et intus aulam novam Tholose regiam adjornate, remittantur coram nobis seu locumtenente nostro pro debita justicia ipsis partibus monstranda. Datum Tholose, die ultima mensis aprilis, anno Domini M° IIII° quadragesimo nono.

R. Serene, judex major.

Constat de dato consensu,
De Ruppe.

AGEN. — 4 JUILLET 1449.

LETTRES DU SÉNÉCHAL D'AGENAIS ET GASCOGNE
SUR L'EXÉCUTION DES LETTRES PATENTES DE CHARLES VII.

(Arch. mun., AA. 2; parchemin. — Original.)

Oddo de Leomanie (2), miles, vicecomes Coseranensis, dominusque terrarum Feudimarchonis, Terride et baronie de Angulis, cambellanus et consiliarius domini nostri Francie regis ejusque

---

(1) Ici quelques mots du texte ont été grattés; il est facile de les rétablir d'après les lettres du sénéchal d'Agenais qui suivent : « exepta exeptione in « eisdem litteris mencionata ». Aurait-on cru détruire ainsi la réserve faite aux anciens privilèges par l'autorité royale?

(2) Odet de Lomagne, chevalier, vicomte de Couserans, seigneur de Fimarcon, Terride, et de la baronnie des Angles, chambellan et conseiller du Roi,

senescallus Agenensis et Vasconie, comissarius in hac parte auctoritate regia depputatus, universis justiciariis et officiariis dicte senescallie et aliis ad quos presentes littere pervenerint aut eorum locatenentibus salutem. Visis litteris regiis patentibus dicte nostre comissionis in paragameno scriptis et sigillo regio in cera viridi et ·filis ciriceis impendente sigillatis, descriptis in tribus pellibus paragameni, datis in oppido regio Turonensi in mense decembris proxime lapso, nobis seu curie nostre pro parte consulum, burgensium, civium et habitatorum civitatis Lectore presentatis, continentibus confirmacionem privilegiorum dictis consulibus, burgensibus, civibus omnibus et habitatoribus predicte civitatis Lectore concessorum, per dominum nostrum regem factam, modo et forma in dictis litteris regiis contentis, virtute litterarum regiarum dicte nostre comissionis, mandamus vobis et universis, cuilibet prout pertinuerit et fuerint requisiti, quathenus predictos consules, burgenses, cives et habitatores predicte civitatis Lectore, eorumque posteros et successores, nunc et in futurum, dictis litteris, gracia, ratifficacione, approbacione et confirmacione privilegiorum predictorum in ipsis litteris scriptorum et declaratorum, in quantum rite, recte et debite usi sunt et gavisi fuerunt, exepta exeptione in eisdem litteris mencionata, uti et gaudere pacifice faciatis, paciamini et permittatis, nil in contrarium faciendo aut permittendo, quecumquevis in contrarium facta ad statum pristinum et debitum reducendo seu reduci faciendo, indilate inhibendo, ex parte regia atque nostra, quibuscumque personis de quibus expedierit et fueritis requisiti, ne dictos consules et habitatores Lectore contra formam et tenorem dictarum litterarum regiarum et privilegiorum predictorum turbent, vexent, inquietent seu molestent, aut fieri faciant, permittant seu procurent, sub pena decem marcharum argenti domino nostro regi applicanda : quibus nos per presentes inhibemus; et in casu opposicionis, partes, ad certam et competentem diem certa hora citate et in nostra presidiali curia Agenensi coram nobis seu locum-

sénéchal d'Agenais et Gascogne (P. Anselme, *Hist. généal. de la Maison de France et des Grands Officiers*. — Archives communales d'Agen. Impositions pour les fortifications de la ville, série CC).

tenente nostro adjornate, remittantur, pro debita justicia ipsis partibus monstranda. Datum Agenni, die quarta mensis julii, anno Domini millesimo quadringentesimo quadragesimo nono.

DE VINERIIS, judex.

Pro de Prato, MERLANDI.

MAI 1481.

LETTRES PATENTES DE LOUIS XI

PORTANT CONFIRMATION DES COUTUMES, ET UNION DE LA VILLE ET SEIGNEURIE DE LECTOURE A LA COURONNE DE FRANCE.

(Arch. mun., série AA; parchemin; le sceau manque. — Original.)

LOYS, par la grace de Dieu, roy de France. Savoir faisons à tous presens et avenir : Nous avons receu humble supplicacion de noz bien amez les consuls, manans et habitans de nostre ville de Lectore, contenant que feu de bonne memoire Philippe, en son vivant roy de France, nostre predecesseur, leur donna, conferma, ratiffia et approuva certains previlleges, statuts et ordonnances, les quelz ont depuis esté confermez et approuvez par feu de bonne memoire Charles le Quint, nostre ayeul, et semblablement par feu nostre très cher seigneur et pere que Dieu absolve, à plain contenuz et declarez es lettres patentes de nostre dict pere, données en date du moys de decembre l'an mil cccc quarante et huit, scellées en laz de soye et cire vert, ausquelles ces presentes sont attachées soubz le contre-scel de nostre chancellerie; dont et desquelz privilleges, statutz et ordonnances iceulx supplians ont depuis tousjours joy et usé paisiblement et encores font de present; touteffois ils doubtent que noz officiers ou autres leur voulsissent cy apres faire ou donner aucun empeschement en iceulx s'ilz n'estoient par nous confermez et approuvez, et pour ce nous ont très humblement supplié et requiz nos grace et provision leur estre sur ce imparties. Pourquoi nous, les choses dessus dites considerées, qui desirons traicter les ditz supplians favorablement et en toute doulceur, parce qu'ilz sont de present noz subjectz neuement et sans moien, au moien de la declaration de confiscation qui faicte a esté à nostre prouffit des terres, seigneuries et biens de feu Jehan, comte d'Armagnac, et que la dicte cité, ville et seigneurie de Lectore est de present le droit, dommaine et heritaige de la couronne de France (1), et la quelle, afin qu'ilz soient doresnavant plus enclins de nous amer et servir et estre bons et loyaulx à nous et à la couronne de France, nous y avons joincte, reunye, joignons et reunissons par ces presentes sans ce qu'ilz en puissent estre jamais separez ne desmembrez. Iceulx previlleges, statutz et ordonnances, les quelz nous avons fait veoir par aucuns des gens de nostre conseil, avons aus ditz supplians confermez,

(1) Nous résumerons ici très sommairement les faits : une première confiscation des biens du comte Jean V d'Armagnac avait eu lieu sous Charles VII. Réintégré à l'avènement de Louis XI, le comte s'était jeté dans la ligue du bien public, et une seconde confiscation, qui prononçait en même temps l'union de Lectoure à la couronne de France, avait suivi la saisie de tous les domaines par Chabannes, comte de Dammartin, au nom du Roi, 1469-1470. Rétabli par le duc de Guyenne, frère du Roi, Jean V embrassa le parti du prince, et le sire de Beaujeu s'empara de Lectoure, le 15 juin 1472. A la suite de la trahison du sire de Sainte-Bazeille, le comte rentra dans la place, qui au bout de trois mois de siège fut obligée de capituler, 5 mars 1473 (1472, vieux style). La ville fut presque tout entière brûlée et détruite, le comte massacré dans sa maison de Sainte-Gemme.

Suit une note extraite d'un manuscrit du P. Mongaillard sur les évêques de la province, etc., déposé aux Archives départementales et communiqué par M. Parfouru, archiviste. Elle résume trente ans de luttes, pendant lesquels Lectoure a subi six sièges :

Capta est Lactora sexies circa idem fere tempus : 1° *quum Ludovicus princeps Delphinus, jussu Caroli VII patris, invasit dynastias Joannis IV, comitis Arminiaci (Nic. Gillius, ad annum* 1443).

2° *Quum Claromontensis pro rege invasit easdem per intrusionem Joannis de Lescuin (idem, ad annum* 1455, fol. 109).

3° *Quod favisset Duci Biturigum contra regem Ludovicum,* anno 1468, *Johannes Armaniacus.*

4° *Quum (restitutus in omnia bona Johannes comes per Carolum ducem Aquitanie) a Bellojoco duce pro rege, jussu Ludovici XI, iterum spoliatus est ex omnibus bonis et dominatione,* 1473

5° *Quum per fraudem cadeti d'Albret* (seigneur de Sainte-Bazeille) *capta est a Johanne V et ibi Bellojocus dux interceptus.*

6° *Quum per cardinalem Albiensem jussu regis ultimo capta et ipse Johannes interfectus* (Arch. du Gers, I. 1, ms. du P. Mongaillard, f° 101).

Belleforest. — Expilly. — Monlezun, *Hist. de Gascogne.* — Dom Vaissete, *Hist. de Languedoc.* — De Gaujal, *Études Hist. sur le Rouergue.* — Manuscrit de Bonal, n° 11644, Bibl. Nat.

ratiffiez et approuvez, confermons, ratiffions et approuvons de-
nostre grace especiale, plaine puissance et auctorité royale par ces-
presentes e en tant que besoing est, les leur avons de rechief et-
de nouvel donnez et octroiez, donnons et octroyons par ces-
presentes, pour en joir par les dictz supplians et leurs successeurs,
manans et habitans en la dicte ville, perpetuellement et à tous--
jours, ensemble de leurs limictes et juridictions tout ainsi et en la
forme et maniere qu'ilz en ont justement joy et usé par ci devant
avant la demolition de la dicte ville. Si donnons en mandement
à noz amez et feaulz les gens tenans et qui tendront noz cours de
parlement à Paris, Tholose et Bordeaulx, seneschaulx de Guienne,
Tholose et Carcassone, Beaucaire, Roddez, Agenois, Armagnac, et
à tous nos autres justiciers et officiers ou à leur lieuxtenans
presens et avenir et à chacun d'eulx, si comme à lui appartiendra,
que de noz presens grace, confirmacion, ratificacion, approbacion,
union et choses dessus dictes ilz facent, seuffrent et laissent les
dictz supplians et leurs successeurs joir et user perpetuellement
plainement et paisiblement en la forme et maniere dessus declairée
sans leur faire ne souffrir estre fait, mis ou donné ores ou pour le
temps avenir aucun destourbier ou empeschement; mais se fait,
mis ou donné leur estoit, le facent reparer et mectre au premier
estat et dès incontinent et sans delai; car ainsi nous plaist-il
estre fait, nonobstant quelzconques ordonnances, restrinctions,
mandemens ou deffenses à ce contraires. Et afin que ce soit
chose ferme et estable à tousiours, nous avons fait mectre nostre
scel à ces dictes presentes, sauf en autres choses nostre droit
et l'autruy en toutes. Donné au Pleissiz du Parc, au moys
de may, l'an de grace mil cccc quatre vings et ung, et de nostre
regne le vingtiesme (1).

---

(1) Ces lettres patentes de 1481 ne sont que confirmatives de celles déjà
données par le Roi au Plessis-du-Parc, au mois de mai 1473, quelque temps
après le siège. En cette même année (27 décembre 1473), le Roi établit à
Lectoure le siège d'une sénéchaussée royale et rapporte une première décision
qui l'établissait à Auch. Le 22 janvier 1474, il octroie aux habitants, afin de
les aider à réédifier leurs maisons, réparer et fortifier les murailles, affran-
chissement de tailles, d'impositions ordinaires et extraordinaires, exemption
de l'entretien des gens de guerre pour une période de sept ans. Le 15 mai 1481,
il proroge ces exemptions et affranchissements de cinquante années, et, le 22 mai

(Au repli :)

Par le Roy, le seigneur du Bouchaige (1) et autres presens.

BRIÇONNET (2).

Visa content.

TEXIER.

Lecta, publicata et registrata pro gaudendo per consules, manentes et habitantes Lectore privilegiis et libertatibus de quibus in albo et in hinc alligata cavetur si et quatenus eisdem ipsi de Lectora hactenus rite et recte usi sunt, salvis tamen domanio regio et ressorte in omnibus casibus domino nostro regi curie presenti et senescallo Armaniaci. Actum Tholose in parlamento, decima die decembris anno Domino millesimo cccc octuagesimo primo.

DE LA MARCHE.

(Suit la mention que lesdites lettres ont été lues et publiées en la cour du sénéchal de Toulouse, au mois de décembre de la même année).

suivant, il remet en possession les syndics et consuls de tous les domaines, territoires, forêts, droits et juridiction usurpés par le comte d'Albret, maître du comté de Gaure, les sires de Fimarcon, Pordéac et autres seigneurs circonvoisins (Arch. mun. de Lectoure, série AA).

(1) Imbert de Batarnay, seigneur du Bouchage en Viennois. La terre du Bouchage fut érigée en baronnie en 1470 ; elle passa plus tard à la maison de Joyeuse.

(4) Pierre Briçonnet, seigneur de Varennes, secrétaire du Roi, receveur des finances, député aux États généraux de Tours, 1483 ; mort en 1509. — Famille de Touraine (P. Anselme, t. VI). — Voir dans le *Magasin Pittoresque* la reproduction d'une médaille (cabinet de la Bibliothèque nationale) représentant Pierre Briçonnet et sa femme, Anne Compaing de Praville, avec cette devise : « Taire ou bien dire sans varier » (*Mag. Pitt.*, vol. XIX, p. 120).

CONDOM. — 14 AVRIL 1483.

LETTRES

DU SÉNÉCHAL D'AGÉNAIS ET GASCOGNE ROBERT DE BALZAC, SEIGNEUR
ET BARON D'ENTRAIGUES ET DE CLERMONT-SOUBIRAN (1), DONNÉES
A CONDOM POUR FAIRE JOUIR LES HABITANTS DE LECTOURE DES
PRIVILÈGES CONFIRMÉS PAR LE ROI LOUIS XI.

(Arch. mun., série AA; parchemin. — Original.)

Robertus de Balzaco, dominus baroniarum de Interaquis et
Claromontis superioris, consiliarius et cambellanus domini nostri
Francie regis ejusque senescallus Agenensis et Vasconie, comis-
sarius in hac parte auctoritate regia deputatus, universis et
singulis justiciariis et officiariis in nostra senescalia ubicumque
constitutis aut vestris singulis locatenentibus salutem. Visis
litteris regiis patentibus nostre comissionis in pargamino scrip-
tis et sigillo regio cera viridi in filis ciriceis impendente sigillatis,
cum quibus hec nostre presentes littere sub sigillo curie nostre
alligate, datis aux Plaixis du Parc in mense madii anno octua-
gesimo primo, pro parte... consulum, manantium et habitatorum
ville Lectore impetratis, confirmationis, doni et privilegiorum,
dictis consulibus, manantibus et habitatoribus ville predicte, per
dominum nostrum Regem eisdem factam et concessam modis
et formis... in litteris regiis contentis... et auctoritate litte-
rarum comissionis nostre, quibus fungimur in hac parte; vobis

---

(1) On connaît la part prise au siège de Lectoure par Robert de Balzac.
Il reçut, en récompense de ses services, les seigneuries de Malauze et de
Clermont-Soubiran. Son frère, Ruffec de Balzac, sénéchal de Beaucaire, eut
les seigneuries de Martissens et de Cassagne (en Rouergue). Tous les chefs
de l'armée royale se partagèrent, du reste, les dépouilles du vaincu : Pierre
de Beaujeu eut l'Armagnac, le comte du Bouchage le Fezensac, le baron
de Faudoas le Bruilhois; le sire d'Albret ajouta à son comté de Gaure le
Fezensaguet; Gaston de Foix, comte de Lavaur, reçut la vicomté de Lomagne,
et Bertrand d'Alegre, seigneur de Busset, chambellan du Roi, la ville et sei-
gneurie de Lectoure, etc. (De Gaujal, *Études sur le Rouergue*, t. II. — *Hist. de
Gascogne*, t. IV. — *Revue de Gascogne*, t. XXI, p. 294). Quelques années plus tard,
le 28 septembre 1481, cession fut faite de tous droits de seigneurie, revenus
et émoluments, par messire Bertrand d'Alègre, en faveur des consuls et syndic
de Lectoure (Instrument sur parchemin, série AA. Arch. mun.).

et vestrum cuilibet in solidum prout ad vos pertinuerit et fueritis requisiti, precipimus et mandamus, quathenus preffatos consules, cives et habitatores civitatis predicte eorumque posteros et successores, nunc et in futurum, dictas litteras doui, ratifficationis et confirmationis privilegiorum predictorum in ipsis litteris regiis et aliis cum quibus sunt alligatis contentorum, in quantum rite et debite usi et gavisi sunt, uti et gaudere pacifice faciatis, nec permittatis ac paciamini in contrarium faciendo aut fieri permittendo, quin imo in contrarium facta ad statum pristinum et debitum reducendo seu reduci faciendo indilate ; jubeatis nichilominus ex parte regia atque omnibus quibuscumque personis de quibus expedierit aut fueritis requisiti, ne dictos cives, consules et habitatores Lectore contra formam et tenorem dictorum privilegiorum turbent, vexent, molestent seu inquietent, aut id fieri faciant, permittant seu procurent, et hoc sub pena centum marcharum argenti dicto domino nostro Regi applicanda ; et casu oppositionis, opponentes qui sint aut fuerint coram nobis aut locumtenente nostro et in curia nostra presidiali Condomi hora.... adjornatos remittatis ad certam diem... assignando causas... oppositionis dictorum... Datum Condomi, die xiiii mensis aprilis, anno Domini m iiiᶜ lxxxii.

> De Chico, commissarius.
> Deodat, notarius.

---

10 septembre 1411.

ARTICLES D'ACCORD

ENTRE LES CHANOINES ET PRÊTRES DE LECTOURE, D'UNE PART, ET LES CONSULS, DE L'AUTRE, AU SUJET DE L'ALLIVREMENT.

(Arch. mun., DD. 1. *Livre blanc*, fᵒ 76 vᵒ.)

L'Acord et la transaction feyta ab los senhors de canonges et caperas de Leytora ab los senhos de conselhs de Leytora sus lo feyt de l'alibrament, la qual foc feyta l'an m. iiii c xi el x de seteme, estan conselhs los senhos Beton de Constantin, Beton d'Arton, Bidon de Las, Monsenhe Pey d'Astugua, carta Mᵉ Bertran

Brascon, notari, l'an e lo jorn que dessus, en lo prumer rogle a cviii foelhs.

Prumerament, que los bes de las cappelanias et de capitols et totz los bes que son de Gleysa, ses negun meyan, sian quitis de totas talhas.

Item, tot home de Gleyse pague totas talhas entieras per so que ha comprat ou autrament per contrayt conquistat.

Item, persso que an per succession ou per loguat ou per almoyna, paguen meyas talhas ordenarias et extraordenarias.

Item, desso que negocien en mercadarias en gasalhas benden ou compren, paguen totas talhas.

Item, persso no se revoquen pas las costumas que alguns locx an que las cappelanias paguen.

Item, no se revoquen pas las ordenanssas feytas per los fundados de las cappelanias que paguen talhas.

Item, que las cappelanias que [son] fundadas et son en pocessions de xiiii ans en sa, sian bendudas et l'argent que sia balhat aus caperas et patros de las ditas cappelanias.

Item, que si per auentura se mobia entre los senhos de la Gleyssa per nom de la biella sus las causas desus escriutas, que monsenhor lo [Cance]le (?) et monsenhor lo juge de Lomanhe ne pusquen ordenar et que cascun ne tire lor ordenanssa.

Item, que prometan cascuna partida de far ratifficar las causas desus ditas a lor sindic dedens lo mes.

Item, que lo present acord dure tant quant playra aux senhos, so es a monsenhor lo Comte et a monsenhor l'Abesqua que ara son ou per temps seran.

---

19 AVRIL ET 5 JUIN 1506.

NOUVEAUX STATUTS SUR LES ÉLECTIONS
CONSULAIRES.

(Arch. mun., DD. 1. Livre blanc, f° 98 et suivants.)

L'an mil cinq cens he sies he lo xix jorn del mes de abriu que cort, lo dimenge de Quasimodo, en la mayson comuna de la ciutat de Leytora, los honorables homes Bertran de La Coma, Johan de Las, Johan de Boquet, Manaud Filhol et Johan de Bouco, conselhs de la presenta annada, demonstran als personatges dejus scriuptz convocatz en la dita mayson comuna, cum la election del consolat de Leytora se faze he se era feyta per lo poble menut ont se fazen beucoptz de conclusions, talament que ne era stat mogut proces, debat e question entre los habitans he grandas enueyas; he per ebitar aquelas collusions que se fazen per lo poble menut he bas de entendement, si fora bon e plus util que la dita election d'asi en abant si fessa per jurada, la qual jurada los conselhs elegirian totz los ans : ont foc conclus he ordenat per los personatges dejus scriptz, ansi que aparera per la conclusion de bas scripta; los quals personatges s'en seguen per script :

Et primo,

Mossenh Henric de Mauriet, licentiat, mestre Dorde de Vaurs, bachelier, mestre Jaques de Rege, bachelier, mestre Johan Jaqueti, bachelier, mestre Huget Ruffi, bachelier, mestre Pey de La Coma, bachelier, Stene de Laumet, Arnaud Foassin, Bernat Delier (vielh), Arnaud Lana, Bernat Garric, Pey Daulin, Guilhem Carente, Ramon de Vinhas, Geraldy Lautin, Johan Faugueda, Pey de Malaret, Vidau de Grisolas, Bertrandi Labadia, Guilhem deu Menga, Guilhem La Berneda, Pey de La Porta, Johan de Bilheras, Antoni Bonet, Johan de Hospital, Pey de Mauriet, Gabriel Barlete, Gaysion de Las, Me Guilhem Roseri, Me Hugo Ruffi, Johan de Las, Guilhem de Peres (vielh), Guilhem de Peres (johen), Johan de Nariga, Stene Corrau, Johan de Fabas, Belotin de Poy, Stene Beseretge, Johan de Melu, Guilhem de La Crotz, Pey Carrera, Bertran de Galin, Bernat Delier (joen), Manaud del Luc, Oddet Boyso, Ramon de Mares, Pey de Garros (may vielh), Simon Trocha, Arnaud de Mares, Pey de Bonafont, Domenges Mares, Johan Dadin, Me Pey Lausa, Pey Ferrie, Arnaud Tremont, Jacmet de Fis, Me Guilhem Fontaneri, Bernat de Laborda, Bosquet Merle, Guilhem La Caza, Johan de Bilheras, Anthoni Gardes, Me Johan Gogeti, Maurin Lana, Bernat de Relis, Johan Despeyros, Johan de Bila, Guilhem de Bartera, Manaud de Sarramea, Poncet de Puyos, Guilhem de Lafont, Bertran Playsac,

Ramon de Baget, Johan de Malus, Johan Detin, Gaysion de Lubet, Johan Brascon, Bernat del Casso dit Tarin, Pey de Garros (mas johen).

Et foc conclus per los personatges desus nomenatz unaniment e *concorditer* que de horas en abant la election del consulat de Leytora se fera per seysanta personatges, so es : detz personatges de cascun carte de la vila, los quals personatges elegerian totz los ans los conselhs de aquera annada he se apelaran d'asi en abant la' jurada, e jurarian los ditz seisanta personatges.de elegir justament e sanctament los conselhs rotulatz asi que es acostumat de rotular; he de aso ne an feyt statut; e los juratz totz los ans se mudarian se era necessari a la discretion des conselhs; he de aso ne an demandada los ditz conselhs instrument sive *acta publica* estre retenguda per me notari dejus script, *quod et feci in presentia supra nominatorum* (1).

FAYDIN, not., (signé).

L'an desus e lo sinqueme jorn del mes de jun, en la mayson comuna de la ciutat de Leytora, los honorables homes Bertran de La Coma, Johan de Las (*alias* Cane), Frances del Luc e Johan de Bouco, conselhs del dit an, demustran coma desus, tochant lo feyt de l'election del consulat de Leytora, als personatges dejus scriuptz :

Johan Baliffant, Me Blasi Carreteri, Bertran Palat, Me Bernat de Fenis, Johan Guiraudon, Guilhem Ortolan, Guiraud Brunet, Pey Ortolan, Johan de Montmoton, Pey de Sonas, Jaques Roqueta, Pey Cortiada, Belotin Vacque, Vidau de Marrast, Bernat de Laumet, Johan de Faulin, Johan de Gabarret, Dorde Pradin, Gaysion Peyra, Guilhem del Luc, Guiraud Beral, Me Pey de Rua, Johan Soquaret, Me Augustin Gaudurel, Richart Babin, Guilhem de Persin, Bernat de Montaut, Bernat Foassin, Anthoni Gardes, Guilhem Sobanhan, Bernat de Aziera, Arnaut de Ribat, Menjon

---

(1) Voir plus haut, règlement de 1343 sur les élections consulaires, à la note de l'art. 4. — Cette réforme électorale eut lieu dans beaucoup de villes à cette époque, ou quelques temps plus tard ; des ordonnances même restreignirent la liberté des élections, favorables « aux pratiques et brigues de la populace, « donnant communément sa voix à ceulx desquels elle s'attend de proffiter « d'une bonne chère ou aultre utilité » (*Lettres missives d'Henri IV*, VIII, 767):

de Montosse, Joacin de Cumbis, Johan de Bilheras (vielh), Gaysion de Ayraud, Miquel Cera, Bertran de Castera, Johan de Bordas (alias Berdolet), Johan Lana, Guilhem de Mau, Stene Bridat, Gaysion de Las, Johan Correyas barbe, Senhoret de Tarrit, Johan de Persin.

Et fuit conclusum per los personatges desus nomenatz tochant lo feyt de la election del consolat ainsi que desus es stat conclus he acordat en lo present recort e conclusion, de que los ditz conselhs ne an feyt statut; *et petierunt actum de hiis reteneri per me infra scriptum notarium, quod feci in presentia supra nominatorum.*

FAYDIN, not. (signé).

ANNÉE 1517.

RÈGLEMENT POUR LA TAXE

DES FRAIS DE JUSTICE SUIVANT POUVOIR DONNÉ PAR RECORD.

(Arch. mun., DD. 1. *Livre blanc*, f° 217 et suivants.)

Sec se la taxa ordenada feyta et taxada per messenhors de cossos nominatz au recort dejus escriupt en seguen lo dit recort, au notari qui d'aras en abant sera lor notari ordenari et de lor cort, per et afin que la dita cort sia plan regida segon la dita taxa.

Et prumerament, sur la rubrica deus crimis, lo dit graffie prenera per testimoni ausir per maniera de information, de cada hun, IIII arditz.

Item, per cascun default, I sol tornes.

Item, per cada prevention, VI arditz.

Item, de cada contestacion de causa, VI dines torn.

Item, per responsa feyta *Juratum medio*, I sol tr.

Item, per dietas correntas, *veluti ad probandum, ad id*, VI dines tr.

Item, de cascum instrument de caucions *pro regestro*, I sol tr.

Item, de las inquestas per cada testimoni tant per la part de la cort que deus criminos, VI arditz.

Item, de cada sentencia, ii solz tr.

Item, per cascuna letra de crims, vi din.

Item, deux autres actes extraordenaris que poyran occore en las ditas causas criminalas en prenda lo dit notari a l'esgart et taxa deus ditz messenhors los cossos, coma son : accaracions, afrontacions, recolamens et autres actes extraordinaris.

Item, pagara tot homme qui sia legitimamen citat et no comparira, per lo prume default, a la cort, ii sols tr.

Item, pagara per lo segond default, iiii sols tr., et asso quant lo prevengut sera condemnat *ad multam vel ad summam corporalem, si sit instigans, alias non.*

Plus s'en seq la taxa que prendra lo dit graffie en las causas civilas per son selari :

Prumerament, de cada letra prumera, vi din. tr.

Item, per cascuna demanda non exceden sinq sols tornes prenera lo dit graffie, xii din. tr.

Item, si excedis la dita soma, vi arditz.

Item, per la contestacion de la causa, vi din. tr.

Item, per la responsa, iiii arditz.

Item, per cada testimoni qui sera examinat sus la demanda verbala ou deffensa, i sol. tr.

Item, quant y a articles, ii sols tr.

Item, per ordenença interloqutoria, vi arditz.

Item, per *summa definitiva* si la demanda excedis sinq sols tr., prenera ii sols tr.

Item, per la condempnacion non exceden sinq sols tornes prenera lo dit graffie, i sol torn., et si excedis, vi arditz.

Item, per cascuna dieta correnta per cada partida, vi ard[ts] torn.

Item, quant lo graffie ira deffora la vila et en la juridiction tant per *scripturis et sumptibus*, x sols tr.

Item, si va defora la dita juridiction, compres coma dessus, xv sols tr.

Item, prenera per folhet d'acta complida quant las partidas requereran lo doble deu proces, enquestas ou aultre acte, per cascun folhet d'acta dont un foelh a dus folhetz, xvi dines tr., compres et inclus en lo dit celari la ceda et lo proces corrent, dont lo dit graffier en cas que lo dit proces se grosse no prendra autra causa ne autre celari que los ditz xvi din. torn.

Item, de cascun inquant, xii din. torn.

Item, de cascun decret, ii sols tr.

Item, prenera per scriue la relacion deux presados et estimados de malasfeytas, per cascuna, vi din.

Item, per production de instrument, vi din. torn.

Item, sera tengut d'escriure sive regestra los recors et cridas publicas, letras missivas et copias touchant los senhors cossolz sive cascun, exceptat que si abia a grossa deguna causa ou acte en forma publica, labetz sera pagat a la taxa et esgart deus dits senhors cossos.

Item, per cada letra de privilegi, i sol torn.

Item, per cada confecssion de instrument, ii sols tr.

Item, per cascuna testificatoria de article de coustuma, vi arditz.

Item, per cascuna aprensia feyta dedens la vila, sommaria de altercacion, de possession, xii dines torn.

Item de instrumens de tutelas, curatelas, inbentaris et autras causas et actes non compres en la presenta taxa, prendra lo dit graffier *ad arbitrium et taxam per dictos dominos consules.*

De Fenis. Collation feyta sus original.

Recort et conseil tengut generalament per messenhors los cossols de Lectora, so es assabe : mossenhe maistre Pierre de La Coma licenciat en leys, prumer consul de la dita vila, mestre Jaques de Rege, bachelier en dret, segond cossol, mestre Jehan Feydini, notari, Laurens Novi, Dorde Pradin, merchant, et Jaques Roquete aussi merchant, consulz tous ensemble de la presenta vila et ciutat de Lectora, l'annada presenta mil v c et xvii commensant a la festa de Sainct Johan Babtista et finissant a semblabla festa l'an finit et revolut :

Et asso sur los arrendamens deu maset de la dita vila et deu greffa de la court deus dits messenhors los cossos et aussi de la bailia de la dita vila et deus forestages, affin d'y bota gens de ben, que la causa publica fossa ben regida et gouuernada, auqual record et conseil fon presens et oppinen los que s'en seguen :

Et prumerament, Monsenhe mestre Henric de Mauriet, licenciat en decretz et advocat de messenhes consulz, las ditas remonstracions a dit et oppinnat, que per ebitar las pilharias, concussions et baratarias que se fen en la baylia a faulta que no y botarian gens de bien de bayles, qu'ed era d'abis qu'on y botessa d'aras en aban cauque homme de ben de bayle et atau metis ung bon notari que agossa salari et taxa rasonabla, afin que los habitans de la bila craignossan plus justice.

Item, touchant lo maset, a dit que so es lo plus necessari de tota la vila la ont se fen de plus grandz abus et faulcetatz, tant en maubesas carns que en faulx pes; au qual maset falhe bota prompta provision et que los qui arrenderan lo dit maset fossan gens de ben (1)... consciencia et honestes personatges, alias *non recipiantur* a l'arrendament.

Et sur so los ditz messenhors de cossolz an feit et remonstrat certans articles et establimens, los quals son estatz aqui legitz publicament, et conclusit et arrestat per tous los assistens : que los ditz articles eran bos et que fossan tengutz de point en point selon leur forma et tenor. Item, que la taula deu pes sia arrendat et que las pangosseras no tengan point lo pan dauant lo maset, ne las recarderas no crompan point en blot que las x horas no sian sonadas.

Mestre Dorde de Baurs, judge de Lomanha, es stat d'abis et oppinion, que la bailia sia balhada a quauque homme de ben, autramen non, et que la graffa se arrenda aussi a quauquez bon notari, am taxa rasonabla.

Au regard deu maset a dit, que los ditz estatutz et ordenances qu'eran estat legitz eran bons et utilz a la causa publiqua et que fossan tengutz et observatz de point en point et que los qui arrendaran lo dit maset balhen bonas fermances de los tenir et observa, autramen que no sian point recebutz a l'arrendament.

Monsenhe maistre Anthoni Lucas, licenciat en leys, a estat de semblabla oppinion que los precedens mossen l'avocat et mestre Dorde.

Lo senhe Johanot de Las, borges, idem ; lo senhe Johanot de

---

(1) Ici le manuscrit est déchiré.

Boquet disoc idem; Guilhamot de Peres, merchant, idem; Nicholau de Chastanet, merchant, idem.

Monsenhe maistre Blasi Carreterii, licenciat en leys, idem; lo senhe Guilhem de Peres, merchant, idem; lo senhe Johan de Perci, merchant, idem; mestre Augustin Gandurel, id; mestre Johan Fabri, notari, id.; Johanot de Narigas, merchant, id.; Pey Benierii, id.; mestre Guynot de Miermondo, notari, id.; Johanot de Lafont alias Claueras, id.; Peyrot de Garros, id.; Jacmet de La Gleysa, id.; Me Micheu Cere, id; Mestre Bernad de Labadia, preste, id.; mestre Pey Bossac, id.; Gabriel Vesina, id.; Gabriel Barlete, id.; Arnaud deu Peyre, id.; Mestre Guiraud Constantin, id.; Johan Torne alias lo Mosso, id.; Johanet de Faulin, id.; Martin de Peyros, id.; Gaycion Deyraud, id.; Bernad Daueda, id; Johan de Coste, id.; Pey de Lubet, id.; Pey Danhas, idem.

Item, plus de cent autres habitans de la dita vila aqui presens foron totz de semblabla opinion que los ditz precedens et que los articles legitz per messenhors de cossolz fossan gardatz et observatz de punt en punt (1).

DE FENIS.

(1) On remarquera la différence de rédaction entre les procès-verbaux des délibérations du XVIe siècle et ceux du XVe qui suivent. Au XVIe, on enregistre nominativement l'opinion de chaque membre de l'assemblée; au XVe, on ne mentionne que la conclusion définitive.

FIN DE LA PREMIÈRE PARTIE.

DEUXIÈME PARTIE

ACTES DE LA COMMUNE ET LIVRES CONSULAIRES.

(XIVᵉ ET XVᵉ SIÈCLES.)

2 JANVIER 1351.

SYNDICAT DES HABITANTS DE LECTOURE
POUR FIXER LES LIMITES DE LA JURIDICTION.

(Arch. mun., série FF; parchemin. — Original.)

In nomine Domini nostri Jesu Christi. Amen. Noverint universi presentes pariter et futuri, seriem hujus modi instrumenti visuri, audituri et perlecturi; quod apud Lactoram in ecclesia Sancti Spiritus ejusdem civitatis (1), sono tube procedenti (2) congregata universitate hominum dicte civitatis pro majori parte, januis dicte civitatis predicte clausis existentibus, ut moris est (3), videlicet : Jacobus de Ruppe, Geraldus de Castropugone, Petrus de Castenea, Bernardus de Aurinhaco, Vitalis de Na Genesa (4),

---

(1) On sait que les assemblées générales des citoyens se tenaient ordinairement dans les églises. A Lectoure, c'était en l'église du Saint-Esprit (où se trouve actuellement la chapelle du collège) qu'avaient lieu les réunions, suivant l'ancienne coutume, « *in ecclesia Sancti Spiritus Lactorensis in loco* more « solito *congregati* » (Procuration pour la rançon du prince Charles de Salerne, mars 1288. Rymer, t. I, part. 3, p. 38).

(2) Voir plus haut, art. 50 de la coutume et la note.

(3) *Januis... clausis.* C'était encore la tradition, de peur d'une surprise.

(4) *Na* se mettait devant les noms de femme, comme *En* devant les noms d'homme : *Na Giscarda*, dame Giscarde; *En Marre*, maître Marre. Mais ces noms de personne sont devenus souvent des noms de lieu : ainsi *Na Genesa* (dame

Arnaldus de Limos, sarralherius, Petrus de Cappella, Guilhelmus de Pereriis, Martinus de Brasco, Johannes de Salenquis, Sancius de Mirano, Johannes de Laumet, Guilhelmus Sancius de Marsolano, Johannes Biranii, Vitalis de Olino, Jacobus de Boerio, Johannes de Moreto, Ysonus Dayroen, Ramundus de Serviente, Petrus de Soleriis, Johannes Dalhada, Petrus de Basetz, Ramundus de Lagraulet, Dominicus de Soleriis, Dominicus deu Bragiule, Sancius de Bornaco, Johannes de Figueriis, Ramundus de Malocorde, Guilhelmus de Capitemassa, Bertrandus de Gieria, Petrus de Cornelhio, Johanes de Hospitali, Bernardus de Lagarda, Fortius de Garderia, cauderereus, Bartholomeus de Campardino, Bernardus de Bonello, faber, Fortanerius de Serviente senior, magister Ramundus Fabri, pelherius, Menotus de Campanhaco, Ramundus Costa vocatus Mondeu, Stephanus Rollandi, Petrus Pascalis, molinerius, Vitalis del Casla, Durandus Nasansia, Petrus Sencen, Guilhelmus de Na Riquarda, Johannes de Soleriis, Dominicus de Pinibus, Arnaldus de Marhanesio, Johannes de La Barrera, Arnaldus Cane, Geraldus Cane, magister Bartholomeus de Cera, sarralherius, Laurentius de Garderia, Sancius d'Esparberiis, Dominicus de Na Garossa, Arnaldus de Camposeguerii, Johannes del Marquat, Guilhelmus d'Esparberiis vocatus Guilhouart, Vitalis de Valirana, magister Petrus Berlay, Johannes de Romanis; qui omnes et singuli et plures alii de dicta universitate ibidem presentes pro se ipsis et vice et nomine totius universitatis et communitatis dicte civitatis, in presencia mei notarii et testium subscriptorum, sponte sua et gratuita voluntate, una voce, uno sensu, uno concensu, fecerunt, constituerunt ac etiam ordinaverunt suos et dicte comunitatis seu universitatis dicte civitatis procuratores, scindicos, yconomos et actores, videlicet: Arnaldum de Dulceto, Arnaldum de Agenno, Bartholomeum de Agenesia, Geraldum de Busca et Bertrandum de Artonio et eorum quemlibet in solidum, ad compromitendum, transigendum, passissendum et componendum nomine totius universitatis et comunitatis dicte civitatis, de et super debatis, litibus et contro-

---

Genesa), nom de terre près Lectoure; *Na Peyronella* (dame Peyronelle), ancienne métairie des pauvres (Archives hospitalières).

versiis existentibus inter dominos dicte civitatis et dictam civitatem et universitatem ejusdem ex parte una, et condominos, consules et universitates Castri novi Arbey, de Sancto Avito (1), de Tarraubia, de Castro Rubeo, et dominum terre Feudimarconis et consules et universitates locorum de Marsolano, de Gardia et Santi Martini de Gueyna, divisim prout ad quemlibet ipsorum pertinet ex aliis partibus, super territoriis, juridictionibus et limitationibus territoriorum, juridictionum civitatis Lactore et terre predictorum locorum ac quibusdam aliis dependentibus ex predictis; dantes et concedentes pro se et nomine totius universitatis dicte civitatis predictis eorum procuratoribus, yconomis et scindicis ac actoribus et eorum cuilibet in solidum, plenam licentiam et liberam potestatem ac speciale mandatum, una cum consulibus predicte civitatis et dominis ejusdem, seu eorum procuratoribus, de et super predictis debatis, litibus et controversiis et ea tangentibus et dependentibus ex eisdem, compromitendi, transigendi, passissendi et componendi et compromissum penis et juramento ballatum faciendi, necnon prononciationem seu amicabilem compositionem, transactionem audiendi, et limitandi ac limitationes faciendi cum predictis dominis et locis et universitatibus predictorum locorum, et prononciationem et amicabilem compositionem et transactionem predictas laudandi, omologandi, ratificandi et approbandi... etc., etc., etc. Actum fuit hoc in dicta ecclesia Santi Spiritus dicte civitatis Lactore, xxª secunda die mensis januarii, anno Domini millesimo trecentessimo quinquagesimo primo, regnante Johanne rege Francie, Johanne Armaniaci, Fezenciaci et Ruthene comite et vicecomitatuum Leumanie et Altivillaris vicecomite, Petro Lactorensi episcopo existente (2). Hujus rei sunt testes : Fortanerius Serviente junior, magister Johannes Bernesii, magister Vitalis de Guilhelmo, Fabri,

---

(1) L'instrument portant sentence arbitrale pour les limites, entre Lectoure et Saint-Avit, d'où nous avons extrait le présent syndicat, est le seul qui subsiste aux Archives municipales, à cette date. Les autres ont disparu depuis longtemps. L'inventaire dressé en 1591 ne fait mention que de l'arbitrage entre Lectoure et Saint-Avit et de l'arbitrage entre Lectoure et Terraube, ce dernier à la date du 10 novembre 1352.

(2) Le nom de cet évêque serait Petrus Aurelzer (évêque de Lectoure, 1350-1364), d'après le pouvoir qu'il donne à Robert Aurelzer, recteur de Fausgarde,

faber, Jacobus de Soleriis, Johannes de Petrucia, cives dicte civitatis Lactore, et ego Ramundus Arnaldus de Ramali, publicus dicte civitatis Lactorensis notarius, qui requisitus de premissis hoc presens retinui et scripsi publicum instrumentum (1).

(Extrait d'un instrument contenant sentence arbitrale sur le différend pour les limites entre la juridiction de Lectoure et celle de Saint-Avit, 2 novembre 1352, signé : RAMALI.)

20 AOUT 1487.

SYNDICAT DES HABITANTS DE LECTOURE

POUR RÉGLER LEURS DIFFÉRENDS AVEC L'ÉVÊQUE ET LE CHAPITRE.

(Arch. mun., série GG; papier. — Copie ancienne.)

In nomine Domini, amen. Noverint universi ac singuli presentes pariter et futuri, hoc presens publicum scindicatus instrumentum inspecturi, visuri, lecturi ac etiam audituri, quod existentes ac personaliter constituti apud civitatem Lectore et in conventu Fratrum minorum ejusdem civitatis, in mei notarii publici et testium infra scriptorum presentia, videlicet : honorabilis vir dominus Guillelmus de Vitraco, in legibus licentiatus, magister Jacobus Anhondonis, notarius, Stephanus de Laumeto, Arpinus de Fogerato, Bertrandus de Aveda et Geraldus de Sancto Lana, consules anni presentis infra scripti presentis civitatis Lectore,

son frère, « *Roberti Aurelzer fratris nostri...* », et qui précède dans l'instrument le syndicat que nous reproduisons. Le *Gallia Christ.* le désigne sous le nom de *Petrus Anzelerii.*

(1) A la suite du syndicat des habitants de Lectoure figure dans l'acte le syndicat des habitants de Saint-Avit, assemblés dans l'église du lieu à la voix du crieur public et au son de la cloche, suivant la coutume; étant consuls : *Guillelmus de Mota, Vitalis de Cerano, Martinus de Bono filio* et *Vitalis de Olinerio*, à la date du 3 juin 1345. — La sentence arbitrale est prononcée par Orch de Caumont, chevalier, seigneur de la Chapelle, sénéchal des vicomtés de Lomagne et Auvillar. Constitués en personne : Pierre de Porsan, procureur fondé du comte d'Armagnac, vicomte de Lomagne ; Robert Aurelzer, recteur de Fausgarde, Bernard de Tierne, vicaires généraux, Jean de Francs *(Johannes de Franchis)*, procureur spécial de l'évêque de Lectoure; — les consuls de

necnon et providi viri Garssias Foassin, Bertrandus de Petra, Joannes de Montematone, Joannes de Sainct Lana, Geraldus Beraldi, Berdotus de Lubet, Arnaldus Guillelmus de Belloloco, Petrus Vernha, Guilhem David, Bertrandus de Sarti, Petrus Borget, Joannes de Lafont, tonsor pannorum, Guillelmus de Peres, Stephanus de Corrali, Dominicus Cavare, magister Bertrandus Mathey, Joannes deus Peyros, Petrus de Vila, Bernardus d'Argelos, Guillelmus Lacasa, magister Jacobus Abuñsen, notarius, Stephanus La Costera, Laurentius Bunhet, Forcias deu Cos, Joannes de Boquet, Joannes Barlete, Petrus de Coue, Joannes de Correias, Joannes deu Poy, Bertrandus de Vives, Arnaldus Guillelmus de Barlana, Raymundus de Montession, Joannes de Las alias Cane, Sanxius de Puios, Joannes de Garros, Petrus de La Plassa, Vital Despenan, Manaldus de Billeriis, magister Deodatus de Vaurti, bacchalaureus, Raymundus de Lartigua, Bernardus Conge, Arnaldus deu Malho, Petrus deu Luc, Petrus Cavare, Guillelmus de Berlana, Bertrandus de Lacoma, Joannes de La Crotz (alias Nogaro), Belotinus de Curson, Joannes deu Mas, Anthonius de Soles, Guillelmus de Viellas casas, Arnaldus Guillelmus de Castera, Georgius Perier, Joannes Petrus de Tarrit, Joannes de Hospital, Arnaldus de Pelanca, Joannes de Las Combas, Arnaldus de Lacasa, Vitalis deu Juau, Stephanus Arthos, Bernardus de Labat, Dominicus Deufau, Guillelmus de Sobagnan, Arnaldus Lafont, Petrus de Lafarga, Dominicus de Labadia, Bernardus Delier, Arnaldus Guillelmus Tibaut, Joannes Laburguiera, Arnaldus de Sobenhac, Joannes de Seran, Belotinus Opes, Petrus Labartha, faber, Guillelmus de Foraignan, Petrus Raynal, Guilhem de Fornes alias Bolant, Bernardus de Laumet, Joannes de La Coma, Joannes de Tarrit, Petrus de Faulin, Petrus d'Aziera, magister Georgius Lucas, notarius, Sancius La Costa, Vital Dorgan, Joannes de La Crotz, Stephanus Tornayre, Auguerotus

Lectoure : « Arnaldus de Boerio, baccalarius in legibus, Bertrandus de Artonio, « Fortanerius de Serviente, Fortius de Bagaterii, Dominicus de Nasiera, Bartho- « lomeus de Aula », et le syndic spécial Geraldus de Busca ; — les coseigneurs de Saint-Avit : nobles Odon de Bonnefont, chevalier, Guillaume Arnaud de Manhaut et Ayssin de Bonnefont, damoiseaux ; Regis de La Cassanhe et Ayssias de Calvet, consuls dudit lieu ; Martin de Bonel, syndic.

Mirabant, Joannes deu Lac, Arnaldus d'Ayraut, Joannes Lagarda, Joannes de St Jan, magister Bartholomeus de Agiis, notarius, Guillelmus de Bazets (alias Camba d'asse), Bernardus Thosin, Raymundus Bernardus deu Buc et Joannes de Monset, singulares habitatores predicte civitatis Lectore, omnes in simul vice et nomine totius universitatis et comunitatis predicta civitatis, ibidem universitatem facientes et congregati ad omnia et singula infra scripta facienda et peragenda specialiter et expresse ad sonum campanæ pulsatæ ipsius ecclesiæ sive conventus Fratrum minorum, tamquam maior et sanior pars incolarum et habitantium ejusdem civitatis Lectoræ, gratis et sponte fecerunt, constituerunt, creaverunt ac etiam ordinaverunt eorum et dictæ universitatis veros dominos et certos legitimos speciales et generales ac indubitatos, scindicos, procuratores, œconomos et advocatos, actores, factores, deffensores et negotiatores universitatis predictæ Lectoræ, gestores et medios speciales, videlicet: nobilem et venerabiles viros, Bernardum de Bassabato, dominum locorum de Pordeaco et de Castro rubeo, Petrum de Bilheriis, ac Henricum de Maurieto, in legibus bacchalaureos, ac Aymericum Jaqueti, notarium, predictæ civitatis Lectoræ habitatores, ibidem presentes et onus negotii infra scripti in se gratis assumentes specialiter et expresse ipsorum consulum constituentium nomine ac vice et nomine totius communitatis et universitatis predictæ Lectoræ, ad transigendum, pactisandum et concordandum quoddam debatum, questionem, demandam, differensam seu controversam, per et inter discretum virum procuratorem episcopalem Lectoræ pro reverendo in Christo patre et domino Petro miseratione divina Lectorensi episcopo (1), scindicumque venerabilis capituli ecclesiæ cathedralis Lectoræ ac etiam nonnullos capellanos certarum capellaniarum in eadem ecclesia ab antiquo fundatarum ex una parte; et supra nominatos consules manantesque et habitatores predictæ civitatis Lectoræ ex altera parte; moveri sperantes in futurum super exactione seu solutione jurium decimalium vindemiæ et alias super certis aliis

---

(1) Petrus d'Absac (Pierre d'Abzac de La Douze). Il venait de monter sur le siège de Lectoure. Les mêmes consuls figurent dans l'acte de mise en possession de son siège, par Pierre de Galard, coseigneur de Castelnau-d'Arbieu (*Hist. de Gascogne*, t. VI, p. 398 ; pièces justificatives).

juribus et petitionibus; hinc inde... etc., etc. Quæ omnia et singula supra et infra scripta prenominati constituentes et quilibet ipsorum et primo dicti consules et exinde alii habitatores dictæ civitatis superius nominati, unus post alium eorum singulis manibus dextris promiserunt et juraverunt super sancta quatuor Dei evangelia gratis corporaliter tacta, tenere, complere et in nullo contra facere, dicere vel venire ullo modo in futurum; de quibus omnibus et singulis premissis prefati constituentes requisiverunt me notarium publicum infra scriptum, ut sibi retinerem et inde conficerem unum vel plura instrumentum vel instrumenta in publicam formam redigenda, tot quot eorum necessaria et oportuna, quod et feci. Actum fuit hoc apud dictam civitatem Lectoræ, die vigesima mensis augusti anno Domini millesimo quadringentesimo octuagesimo septimo, regnante serenissimo principe et domino nostro domino Karolo Dei gratia Francorum rege, et reverendo in Christo patre et domino nostro Petro miseratione divina Lectorensi episcopo existente. Hujus rei sunt testes : Dominicus deu Cornau, loci de Monte Marssano, magister Petrus de Fraxino, in legibus bacchalaureus, magister Petrus Guarini, notarius, Bernardus de Baradato, clericus ville Nugaroli, Auxis diocesis, testibus ad premissa vocatis, et ego Jacobus Benierii, publicus auctoritate regia notarius civis Lectoræ, qui in premissis omnibus, dum sic ac permitti fieret, una cum dictis testibus presens fui et sic fieri vidi et requisitus notam sumpsi; ex qua hoc presens instrumentum scindicatus abstraxi et in hanc publicam formam redegi, factaque collatione cum dicta nota originali me signo autentico sequenti signavi in fidem et testimonium omnium premissorum (1).

. (Extrait d'un instrument de transaction et accord entre l'évêque, le chapitre et les consuls et syndic de Lectoure, 20 août 1487. Bertrand Mathey, Jacques Benierii, not. — Texte latin, les articles d'accord en gascon.)

(1) A la suite, figure le syndicat des membres du chapitre, réunis en la salle capitulaire de l'église cathédrale de Saint-Gervais. La transaction a lieu entre le procureur fondé de l'évêque, Jean de Labat, bachelier en décrets, les chanoines Jean de Boudet, Bernard de Vicmont, Bertrand de Roquelaure, Jean de Massas

RECORDS OU DÉLIBÉRATIONS DE 1482 A 1484.

(Arch. mun., BB. 1; petit in-folio cartonné.)

RECORD DU 9ᵐᵉ JOUR DU MOIS... [1482] (?).

SOMMAIRE:

Les consuls font connaître à l'assemblée que le sénéchal, de retour d'auprès du
Roi, avait vu les réparations déjà faites aux murailles de la ville; il a commandé
la continuation des travaux; les consuls n'ont plus de ressources.

Le sénéchal a ajouté que chaque habitant, selon sa position, devait avoir des armes
pour la garde de la cité : le Roi veut qu'elle soit mieux gardée qu'une autre;
elle est la clé de la Guyenne.

Conclu, qu'il sera fait un rôle de 50 à 80 personnes capables de pouvoir avancer
la somme de 50 à 60 écus, qui leur sera remboursée sur le souquet et les tailles.
Cette somme sera employée à la continuation des travaux. Les consuls pourront

et Maurin de Biran, (Bernard de Vicmont étant syndic) d'une part, et les
consuls et syndics de Lectoure, de l'autre. Les articles d'accord disent : que les
habitants porteront la dîme de la vendange au chai de l'évêque et du chapitre;
que le voyage sera payé « selon los parssans...: de Cardés dela l'ariu deux
« ardits, en dessa l'ariu un ardit; de haut Cor deux ardits; en dessa lou riou de
« Manirac tres ardits, et dela lo dit riou quatre ardits; de Moyssan quatre
« ardits; de La Gardera et de La Garde quatre ardits; de Sauteroqua un ardit;
« de Bareilhes tres jaques; de Antin deux ardits; de Montaubat cinq jaques; de
« de Mares tres ardits; de Maurens quatre ardits; de Roquetict quatre ardits;
« de l'Esquera quatre ardits; des Galis quatre ardits et de Bat Noguè quatre
« ardits »; que les chanoines et ecclésiastiques peuvent vendre leur vin en gros
et en détail, en payant le droit de *soquet* comme les autres habitants; que les
chanoines doivent payer les tailles, excepté des maisons canoniales actuelles,
et de trois places qu'ils pourront acquérir aux quartiers de Fontélie et Corhaut,
hormis la grande rue, pour faire leur demeurance; qu'ils pourront tenir deux
diérades de vignes exemptes de tailles, tant qu'elles resteront en leurs mains;
que pour les biens qu'ils achèteront pour revendre, ils seront contribuables,
mais qu'ils ne seront pas pour cela soumis à la capitation ou au chef de livre
« capargue sive lo cap de liure »; qu'ils resteront exempts pour les chapellenies
anciennement fondées, suivant la transaction de 1450 (voir aussi plus haut
l'accord de 1411) (1ʳᵉ partie).

A la fin dudit acte, se trouve un ordonné de l'évêque, portant que le syndic
du chapitre ne pourra rien réclamer pour les droits de sépulture, avant six
mois écoulés depuis le jour du décès, et que quatre-vingts écus dus au chapitre
par les habitants leur seront remis, cette somme ayant servi aux réparations de
la cité. Cette sentence, rédigée par les mêmes notaires, faisant partie du même

contraindre ceux qui seront mis sur les rôles; ils feront diligence pour lever les sommes et travailler aux réparations les plus urgentes.

Il sera fait, en outre, un autre rôle d'habitants capables de se pourvoir, les uns d'arbalètes, les autres de lances, épées, couleuvrines et autres engins nécessaires à la défense de la cité.

————

L'an que dessus e lo ixme jorn del mes... (1) als dessus escriutz, per los senhos cossolz, cum darrerament mossenhor lo senescal (2) era vengut deu Rey e abe vista la reparation qu'era esta... feyta

instrument qui était écrit sur deux peaux de parchemin, est à la date du 6 juillet 1489: étant consuls de Lectoure, Jean de Job, Garssias Foassin, Guilhaume David, Bertrand de Sarcy. Une note insérée en marge renvoie à l'article 33 des statuts de l'évêque Raymond, de l'an 1396, mentionnés dans le *Gallia christ*. Nous les retrouvons in extenso dans un livre manuscrit communiqué par M. l'abbé Campistron, trésorier de la commission des Archives de Gascogne, contenant des statuts et ordonnances des évêques de Lectoure, des transactions entre les évêques et le chapitre, des concessions de privilèges, etc., de 1396 à 1712 (un vol. petit in-folio, manuscrit, parchemin; lettres ornées; reliure ancienne, en veau).

(1) Ici le manuscrit a été mangé par les rats; mais nous croyons que ces deux premiers Records sont de la fin de l'année 1482. Nous trouvons en effet au troisième la date de 1483, et le quatrième, qui est du mois de mai de la même année, fait suite au verso. Ces quatre records font partie, du reste, du même cahier et il est facile de voir que les délibérations se suivent. D'un autre côté, la suite du livre nous révèle que l'année commençait après le 25 mars. Ainsi le record du 28 mars 1486 est écrit sur le verso de celui qui porte la date du 25 mars 1485 et plus loin, en marge du record du 28 mars 1492, on lit sur le manuscrit ces mots « mutatio anni ». Ceci nous paraît être une règle toute spéciale à Lectoure ou à la région (voir plus loin, record du 25 mars 1485, une note sur cette question); car on sait que depuis le xe siècle jusqu'à la seconde moitié du xvie, l'année, dans les diplômes et les actes du parlement, commençait à Pâques (Voir l'*Art de vérifier les dates*). Quoi qu'il en soit, et dans tous les cas, pour compter d'après le nouveau style, cette fin d'année 1482 doit correspondre au commencement de l'année 1483, et c'est pour cela que nous rapportons plus loin à un record du 26 janvier 1483 une lettre de Charles VIII, bien que les historiens actuels fixent la mort de Louis XI au 29 août de cette même année; la date du 26 janvier 1483 correspondant au 26 janvier 1484 (nouveau style).

(2) Ce devait être Bernard de Rivière, seigneur de Labatut *(dominus de Ripparia)*. Le 25 septembre 1481, des lettres d'ajournement sont envoyées en son nom aux officiers du comté d'Albret et de Gaure, aux seigneurs de Fimarcon et de Pordéac pour usurpation de territoire (Arch. mun. de Lectoure, série FF), et on le voit figurer comme sénéchal d'Armagnac pour le Roi, à l'entrée à Auch de Charles d'Armagnac, frère de Jean V, en l'année 1484 (*Hist. de Gascogne*, par Monlezun, t. IV, p. 27. — *Collect. Doat*, t. 80).

a las muralhas de la vila despueys que era estad partit de...
ciutat per anar au Rey, de lacau reparacion sera tengut per
ben content; et abe dit e comandat lo dit mossenhor lo senescal,
que falhe e era ne... que hom continuessa plus abant a la dita
obra e reparacion e que los mages foratz se barressan; et per
so, cum los suditz cossolz non abian plus de que obra, attenut
que non lor era stat donat si non una talha, lacau era despenuda
e plus; per so lor foc demostrat, que cascun y dissos son oppinion.
Item plus lor foc demostrat, cum lo dit mossenhor lo senescal
lor abe dit et mandat, que cascun habitant de la presenta ciutat,
juxta sa possibilitat, agossa arneys per la tuission, garda e deffensa
de la dita ciutat, attenut que es de garda e que lo Rey la volia
mays gardar que autra ciutat, per so que es clau de Guihenna,
e que cascun dissos son oppinion.

E en foc conclusit per la oppinion d'etz totz, sus lo prume
cap, que los susditz senhors cossolz fessan hun rolle e en aquel
escrigossan d'aguns LX^ta o IIII^xx personatges deus plus poderos
de la vila, que poscan fornir e prestar aus susditz cossolz, entro
a la soma de L^ta o LX^ta escutz, e que sus lo soquet o suber lors
talhas, los sia restituit l'argent a cascun so que aura supplit
e prestat, e que de la dita soma losditz conselhs crompen causea
e autres portreytz, a la reparacion de las susditas muralhas e
per pagar los peyres e manaobres; et aissi metis los qui sian statz
enrollatz a prestar cascun per sa quota segon sa possibilitat,
que los susditz senhors conselhs ajan poder e los poscan compellir
a tota forssa, de balhar e fornir la soma que lor sia cotada e
enrollada en lo dit rolle, prestament e ses degun delay; et que
losditz conselhs fassan diligencia de lebar la dita soma e de
continuar a la dita reparation, principalment als foratz barratz
de la dita muralha plus necessaris, entro a Sent Johan Babtista
prodan venent.

Item, sus lo segon cap e lo darre aiss... de una oppinion, que
losditz senhors conselhs fassan hun autre rolle de totz los habitans
de la vila, e que cascun segon sa possibilitat sia compellit e lor
sia mandat de aber, los us balestas, los autres lanssas, spazas, et
ayssi metis colabrinas c autres arneys, necessaris a la deffenssa
de la dita ciutat.

Record du 12 février [1482] (1483).(?).

SOMMAIRE :

Noms des présents. — Les habitants de Castet-Arrouy ont fait savoir qu'une petite fille ayant été trouvée morte au bois du Gajan, en la juridiction de Lectoure, ils n'avaient pas voulu l'ensevelir sans l'autorisation des consuls; que cette autorisation reçue, ils avaient découvert que les habitants de Plieux avaient levé le corps et l'avaient porté à Plieux. Les consuls se sont transportés sur les lieux et ont constaté que le cadavre était bien dans la juridiction de Lectoure, près des prairies de la borde de Mᵉ Pey de Bilhères, appelée En Bacquettes, et près du ruisseau de l'Auroue.

Conclu, qu'il soit fait information contre ceux de Plieux; qu'au besoin les consuls tiennent conseil avec les officiers du Roi; que l'affaire soit poursuivie et réparation faite à la ville de tout dommage causé.

Pey de Bilheras, Guilhem de Las, Mᵗʳᵉ Aymeric Jaquet, Bertran de La Coma, Gayssion Foassin, Gabriel Vesina, Bertrand de Sarcy, Johan de Monmoton, Bernat de Lafont, Pey..., Guiraut de Sent Lana, Guilhem de La Caza, Johan Delas, Pey de Maur, Anthoni deu Soles.

L'an que dessus e lo XIIᵉ jorn deu mes de feurer, foc demostrat alz dessus escriutz per los senhors cosselhs de Lectora, cument los habitans de Castet-Aroy (1) lor abian demostrat, cum una filha petita era stada troba[da] morta en lo bosc deu Gayan (2) en la juridiction de Lectora, e que non la bolian punt lebar ny sebelir ses conget e licencia deus ditz senhors cossolz, e que plagossa alz ditz cosselhs, que la dita filha fossa sebelida, e que lor donessan conget de la sepelir; los calz cosselhs, occupatz d'autres negocis, doneron licencia e conget aus ditz habitans de Castet-Aroy, de lebar e sepelir la dita goya, ses prejudici de lor dret

---

(1) Castet-Arrouy, canton de Miradoux, commune limitrophe. La seigneurie de Castet-Arrouy appartenait aux Bassabat, barons de Pordéac. Voir page 112.

(2) La forêt du Gajan appartenait à la ville de Lectoure de toute ancienneté. Ce fief était tenu à foi et hommage des comtes d'Armagnac comme vicomtes de Lomagne, et les consuls payaient pour cela un fer de lance à chaque mutation de sire (Voir hommages et dénombrements aux Arch. mun., série AA).

e juridiction. Et apres asso, los ditz de Castet-Aroy, en lor retornan per sebelir la dita gotya, troben que los habitans de Plius (1) l'abian lebada e portada a Plius; e per melhor esser enformatz de la causa, los ditz senhors conselhs, se transportaren suber lo loc ont era morta la dita gotya, et troberan ab certans personatges de Castet-Aroy e d'autres, que los ditz habitans de Plius l'abian lebada en lo dit bosc deu Gayan e juridiction de Lactora, prop deus pratz de la borda de Mᵉ Pey de Bilheras, aperada d'en Vaquetas, e pres de l'ariu de l'Auroa (2); et suber aquo que cascun dissos son oppinion.

E en foc concluzit per la oppinion d'etz totz, que las informatios se fessan, e si se trobaba que los ditz habitans de Plius agossan lebada ladita goya de la juridiction de Lectora, que per justicia et retrosament perseguissen la causa; e se era necessitat, que convoquessan et agossan conselhs ab los officiers deu Rey e que la causa non demores ses coneyssensa de dret e que fossa adobat lo tort que era estat feyt a la presenta ciutat.

———

RECORD DU Vᵐᵉ JOUR DU MOIS DE... 1483.

SOMMAIRE :

Noms des présents. — Un rôle des habitants a été dressé d'après le record précédent. Beaucoup ont refusé. Nécessité d'interrompre les travaux. — Jean de Crescio, procureur du Roi en la sénéchaussée d'Armagnac, et le *faraut* appelé Lomanheta refusent de payer les tailles accoutumées; ce dernier a menacé de battre les boursiers, de les mettre en prison ainsi que les consuls; il a créé cette prison en la salle ayant appartenu jadis à Johan Baudric; il y a placé un baile contre les droits de la seigneurie et juridiction de Lectoure. — L'abbé de Bouilhas a demandé un transport sur les lieux relativement au différend pour le territoire des moulins de l'Auze. — Certains habitants ont établi des écuries sur la rue droite; ils y jettent du foin, de la paille, du fumier. C'est un danger d'incendie permanent. — Faut-il permettre aux particuliers, habitants ou non, de vendre du vin en taverne? *Conclu*, que ceux portés sur les rôles seront contraints et forcés. Les tailles légitimement dues seront payées; il sera fait information contre le dit Lomanheta.

(1) Plieux, canton de Miradoux, commune limitrophe. La seigneurie de Plieux a appartenu aux seigneurs de Faudoas et de la maison de Rochechouart.
(2) L'*Auroue*, petite rivière qui va se jeter dans la Garonne à Saint-Nicolas-de-la-Balerme (Tarn-et-Garonne).

— Les consuls se transporteront sur les lieux pour l'affaire avec l'abbé de Bouilhas; elle sera réglée ainsi que celle du tuilier de La Feugarde. — Les consuls feront défendre d'établir des écuries sur la rue droite, d'y jeter foin, paille, etc. Ceux qui ont des maisons en cette rue établiront leurs écuries sur le derrière, dans les rues Jussannes. — Les habitants seuls auront le droit de vendre du vin en ville, en gros et en taverne. Les étrangers ne seront pas autorisés; après vendanges, on verra s'il peut en être décidé autrement.

————

Anthoni deu Soles, Manaut de Bilheras, Pey de Maur, Arpin Fogerat, Guilhem Tosin, Guilhem de La Casa, Galhart de Sent Johan, M⁰ Berthomiu de Agiis, Guiraut de Sent Lana, Johan de Monmoton, Pey deu Caben, Vidon deu Puyos, Johan de Beloc, Johan Deuprat, Vidau deus Bordius, Vidau de Rotis, Johan Delas, Poncet de Faubec, Johan Carrera, Pey de Clabaria, Pey Arthos, Bernat d'Argelos, Bernat de Labric, Pey Barlete, Pey deu Vives, Arpin Baudric, M⁰ Johan de Besodis, Arnaut de Forenhan, Guilhem de Peres, Sans de Sarranta, M⁰ Pey de...., Gabriel Vesina, M⁰ Jaques Abansit, notari, Bertran de Sarcy, Stene Corrau, Pey deu Casso, Ramon Bernat Deubuc, Arnaut Tosin, Pey de La Bartha, sarte, Johan German, Arnaut de La Porta, Domenges deu Faur, Belotin de Curson, Gayssion Foassin, Pey de Labadia, Andriu Alabanstra, Johan de La Brugueyra, Arnaut Guilhem de Berlana, Vidau de Loste, M⁰ Aymeric Jaquet, Bernat de Berlana, Bertran de Mauriet, Bertran d'Abeda, Sans Azema, Bernat de Labat, Bernat Delier, Johan Tosin, Johan de La Crotz, Bernat Catalan, Arnaut de Sobenhan, Arnaut Foassin, Johan de Sent Sene.

L'an mil cccc lxxx^{ta} tres et lo iiii^e jorn deu mes... foc tengut record e demostrat per los senhors cosselhs de la presenta ciutat de Laytora als habitans dessus nomenatz, cum per record sus aquo tengut los ditz senhors cosselhs abian feyt hun rolle e metutz alcuns personatges, los calz volossan prestar alcuna soma d'argent per continuar a la reparation de las muralhas de la vila, et cum elz abian promettut de prestar a cascun segon sa possibilitat e quota contenguda en lo dit rolle; et cum de present beucop n'y abe que eran reffuzans a contribuir e prestar la dita cota portion contenguda en lo dit rolle, e a causa d'aquo falhe que la dita obra e reparation demores e cesses, perso que elz non abian de que, ny non lor era stat donat ; per so, que cascun dissos son oppinion.

Plus lor foc demostrat, cum m^{tre} Johan de Crescio, procurayre deu Rey en la presenta senescalsia d'Armagnac, e lo faraut aperat Lomanheta, abian e possedisson pocessios en la juridiction de Lectora, las calas possessios son contribuablas e an acostumat de contribuir a totas talhas e cargas de la dita ciutat, et cum los ditz procuray e faraut son reffuzans e contradizens a pagar las talhas; ans lo dit faraut a menassat aus bosses de los batre e ditas palauras contra los senhors cosselhs que, si on le persequtaba, el prenera e metera en los galhos e en preson aus ditz cossolz e boces, la cau preson fe e a faita en la sala que sole este de Johan Baudric (1) en la juridiction de Lectora, e y a pausat bayle contra e en prejudici de la senhoria e juridiction de Lectora; et per so, que suber asso cascun disso son oppinion.

Item, aissi metis lor foc demostrat, cum als ditz cossolz lor era dat conget per lo poble, de appunctar ah l'abat de Bolhas (2) sus lo territori deus moulins dé l'Auza, e cum lo dit abbat lor a requerit plusiors de vegadas, que se transportessan sus lo loc per y donar orde e appunctament; et per so, la maneyra de y procedir e de y besonhar, es que cascun diga son oppinion.

Item, plus foc demostrat, cum alcus habitans de la vila fen establarias de rossis, dabant en la carrera dreta, e y boten fen e palha ; e lo femps... e fe en las ditas establas gitaban en la dita...

---

(1) Probablement la salle de Combarrau, commune de Lectoure. « Lo noble « Anthony de Poblic sala a Combaroaut que foc dels heretes de Johan Baudric » (Terrier de 1491, fol. 342 verso ; Arch. mun.).

(2) Bertrand de Roquelaure (*Bertrandus de Rupe laura*), prêtre et chanoine de Lectoure, abbé de Bouillas (1477-1503). L'abbaye de Bouillas, de l'ordre de Citeaux, fut fondée vers 1126, par Ardoin de Bouillas (*Gallia christ.*). Roquelaure avait été élu évêque de Lectoure par les chanoines, avant la promotion de Pierre d'Absac, et immédiatement après la mort de Hugues d'Espagne, en 1487. Après la translation de Pierre d'Absac à l'archevêché de Narbonne, il voulut de nouveau faire valoir ses droits, et protesta contre la nomination du cardinal de Sainte-Anastasie, 1494. Plusieurs lettres furent à cette occasion adressées par le Roi aux consuls de Lectoure. Elles nous font connaître le nom d'un évêque qui a échappé aux auteurs du *Gallia* (Voir *Docum. inéd. sur l'Hist. de France. Extraits de la bibliothèque royale et des archines*, t. III, p. 499. Lettres publiées par M. de Métivier); les originaux ont disparu. Voir aussi Monlezun, *Hist. de Gasc.*, t. v, p. 195.

causa era fort preiudiciabla tant au temps present de morta... aissi metis per lo enconbenient deu foec la neyt, e pui que se poyre prene e arapa a la dita palha e stablaria ; et per so que cascun y dissos sa oppinion.

Plus foc demostrat, que alcus tant habitans de la presenta ciutat que autres non habitans, se eran jactatz de mettre vin dedens la dita ciutat ; e lo dit vin volian portar e carregar deus locs circumbesis e d'autre part, e metre dedens per vene en taberna ; et per so, si hom lor deu permetre e layssar metre e vene o non, que cascun dissos sa oppinion.

E en foc concluzit per la oppinion d'elz totz, sus lo prume cap, que d'autres vegadas s'era tengut lo recort suber l'emprunt e maleuta de certana soma d'argent, per continuar a la obra et reparation de las muralhas de la vila ; et foc concluzit, que los qui foren enrollatz per prestar, que los ditz cosselhs agossan poder de los compellir e excequtar, tant per captation de lors bens que per arrestation de lors personas, e que non cale tenir autre recort, mas lo prume agossa valor.

Item, foc concluzit sus lo segon cap, tocant lo procuray deu Rey, que hom li diga e demostra, cum sos predecessors, que tenian las pocessios que de present ten e possedis, pagaban las talhas a la vila e no eran aliuratz ; e per so que dessi metis fassa razon ; e si non vole far aren, que los ditz cossolz autra vegada ac demustren al poble, per y avisar e procedir per razon.

Tant que toca lo faraut de Lomanheta, aissi metis que l'y digan que pague ; autrament que sia, autra veguda, demustrat ; e sus los lengatges que a ditz, que sian feytas las enformatios e de y procedir contra de lu, aissi cum se deu fer, per razon e justicia.

Item, suber lo ters cap, foren de oppinion los ditz senhors cosselhs lo meilhor que poscan se acorden e adoben ab mosenhor de Bolhas, e que veyan quant de conquadas de terra y a debers l'Auza, e que sia extimat quant n'y a de treyt, e que aquel qui tira fassa talha ; au regart deu teule de la Feugarda (1), que se tenga so que a lu es stat afiuzat, e si ne occupa mays, que hom lo fassa reparar e restituir.

(1) *La Feugarde*, bois appartenant à la commune (Arch. mun.).

Item, suber lo quart cap deu dit recort, foren totz de una oppinion, que degun habitant de la vila ny autre non sia tant ausait ny presumptuos de fer stablas dabant lo camy dreyt, ny de tenir fen ne palha, ne gitar lo femps per dabant lo dit camy; mas que fassan las stablas debat e darre los ditz hostals, e en las carreras juzanas; e giten lo femps e palhas, s'en y poscan metre, per darre e non per dabant; e so per obviar als enconbeniens deu foec, e autrament per l'enficiment de las gens per lo dit femps, attenut la disposicion deu temps present. Et si degun vole fer lo contrari, que los ditz cosselhs, ab cosselh deliberat, y procediscan contra d'elz, aissi cum se devia fer per razon e justicia.

Item, aissi metis foc concluzit per la oppinion d'eus totz o de la maior partida sus lo v^e e darre cap, que tot habitant de la presenta ciutat y posca metre vin dedens la presente ciutat, e lo vene en gros, o en taberna, ses conget de degun; e que degun que non sia habitant de la dita ciutat non y posca metre, ne fer portar en deguna maneyra, e que a lor sia prohibit e deffendut; e que los ditz cossolz non permeten de venir en contra, e aisso entro verenhas; que per alabetz hom y deliberera deu tot, si cascun y en poyra metre o non (1).

RECORD DU 7 MAI 1483.

SOMMAIRE :

Noms des présents. — Un habitant de Miradoux, nommé Jean de Langlade, veut faire porter du vin en ville pour le vendre en taverne.
Conclu, que quoique ledit habitant de Miradoux ait des possessions en Lectoure, il n'est point habitant; refus d'après le record précédent.

Pey de Bilheras, Me Aymeric Jaquet, Gayssion Foassin, Bertran de La Coma, Pey Cavare, Bernat Delier, Gabriel Vesina, lo noble Anthoni de Poblie, Guilhem Arn^t de Belloc, Au..., Johan Dom..., Guilhem Tosin, Guiraut Faur, Pey de La Badia, Andriu

---

(1) Voir sur les taverniers et courtiers, articles 92 et suivants des établissements, 15 et suivants du règlement de 1343 (1re partie).

Alabanstra, Ramon de Montession, Guilhem Basin, Domenges de Nadossa.

L'an que dessus e lo VIIᵉ jorn de may, foc demostrat alz dessus escriutz, per los ditz senhors cosselhs, que lo filh de Sanssun de Mirados (1), aperat Johan de Langlada alias mossenhe de Sanssun, abe feyt porta sies pipas de bin e las vole metre en la vila per las vene en taberna, et cum en lo recort darrerament tengut fossa concluzit, que degun que non fos habitant de la dita vila non pogues portar ne metre, ans que lor fossa prohibit e deffendut de non metre vin; et per so que cascun dissos son oppinion, si lo dit mossenhe de Sanssun es habitant o non, e si las ditas VI pipas de bin y botera dedens la vila per vene.

E en foc concluzit, per la maior oppinion d'elz totz, que attenut que lo recort es stat tengut darrerament que degun que non sia habitant de la presenta ciutat non posca ni a lu sia permetut de metre vin dedens la vila per lo present, que lo dit mossenhe de Sanssun, lo cal es habitant de Mirados e non pas de la presenta ciutat, jasia que aya possessios en la juridiction e dedens la presenta ciutat, mas non ten punt foc ne loc e per so non es habitant, que a lu ne autre non habitant non sia permetut de y botar vin dedens la presenta ciutat per lo present, d'aqui apres verenhas que venen; e a la vegada hom y appunctara e seria ordenat, si apres cascun y poguora metre vin o non; autrament faria venir contra lo dit recort, la cau causa non se deu enter-rompe...

RECORD DU 22 JANVIER 1483 (1484).

SOMMAIRE :

Le Roi a fait savoir que l'on doit garder la ville sous sa main ; que personne ne doit entrer en équipement de guerre ni en attroupement, pour éviter tout incon-vénient à la ville et au Roi.

On a répandu le bruit qu'on veut mettre en la ville des gens d'armes de Fleurance de M. de Forssès.

Hommes de la morte-paye demandés pour la ville par le procureur du Roi.

Noms des membres présents.

---

(1) Miradoux, chef-lieu de canton, arrondissement de Lectoure.

Conclu, que les consuls doivent faire informations et diligences. Ils s'entendront avec M. de Crescio, procureur du Roi, au sujet des hommes de la morte-paye et de l'indemnité qui lui serait due pour ses peines et soins.

———

XXII januarii mil IIIIe LXXXIII (1484, n. st.).

Recort tengut per los senhos cosselhs ab d'autres de las bonas gens de la vila.

Primo, per so que lo Rey (1) ab lettras et autras exortations a trames que hom garde la vila sotz sa man et que degun non intra en abilhament de guerra ne en nombre de gens, que inconvenient poscossa venir a la vila ne au Rey.

Item, per so que publica era, que aucuns dizen publicamens que auguns aben trametut a Florenssa, per metre dedens esta bila de las gens d'armas de Florenssa de mossenhe de Forsses.

Item, sus la recompensa que lo procuray deu Rey demanda per sa pena que a metut a aber la morta paya, que hom abe trametut dize a mossenhor senescal d'Armagnac que la nos prochassassa deber lo Rey.

M^{te} Henric de Mauriet, M^{te} Pey de Bilheras, mestre G^m Borde, Arpin Fogerat, Johan Delas, Johan d'Ayme, Pey deu Luc, Stene de Laumet, G^m Bazin, Me Jacme Benier, Me Berthomiu de Agiis, M^{te} Jacme Ahondons, Anthoni de Soles, Guilhem de Peres, Pey Cavare, Johan de Monmaton, Johan de Boquet, Pey de Faulin, Arnaud de La Cau, Arnaud de Foranhan, Bernat de La Mesplada, Menaut de Bilheras, Johan de Fiis, Guiraut de Sant Lana, Guilhem Reyne, Johan de La Font, Pey Banchet, Arnaud de Thosin, Domenges deu Juau, Belotin Opes, Vidau Despenan, Bertr^d de Mauriet, Pey Bernha, Johan deu Lac, Vidau des Bordis, Meyon de Montession, Peyron de La Sala, Ram^d-Bernat Dubuc, Oddet Boyssa, Bertrand de Lestrada, Johan deu Casso, Johan de Moras, Guilhem de Vinhas, Art. d'Ayraut, Johan Delier, G^m de Bazetz, lo perro, Pey de Boe, Johan de Monset, Johan Salere, Johan Carrera Scala, Miqueu de Bearn, Vidau

———

(1) Charles VIII. Louis XI était mort le 29 août précédent (29 août 1483).

de Juau, Johan Darre, Nauton La Garda, Vidau de Rotis, Bernat
Pascau, Guiraut Thopie, Art. Trenqua, Bernat de Lier, Vidau
Delhoste, Bert^d de La Strada, Art. Despenan, J. de Bilheras,
Bernat de La Roqua, Pey deu Trey, Johan de St Johan, Peyron
de La Sala, Pey de Clavaria, Arnaut d'Argelos, Meyouton deu
Fau, Ram^d Delier, Bernat Thosin, G^m de Juncqua, Vidau d'Aulin,
Pierres d'Aulin, Pey deu Trey, Johan de Poylamay, Bernat de
Labat, Pey de Verdun, J. Cavale, Art. Guilh. de Tibaut, Johan
Despitau, Johan Darre, Steve deu Corrau, Belotin de Oppes,
Pey de Seran, Vidau de Las, Vidau de Vinhas, Forton deu Cos;
Art. de Longas, que dissoc que m^{te} J. Benierii lo abe dit que
abe trobat lo boloard obert.

Bilher dixit et opinavit : quod fiant informationes, convocassiones
et publicationis verba, et fiat justicia.

Quoad recompensam per procuratorem Regis petitam, dixit :
quod XII franci Reg. sol. impendantur et juxta penam et tempus
omissum opperum.

Mr Henricus de Maurieto, advocatus, dixit : quod fiant infor-
mationes, convocassiones et condictiones ; quod porta boloardi
de nocte fuerit reperta aperta, fiant informationes, et puniantur
juxta casus exigentes.

Respectu recompense faciende procuratori Regis, quod dentur
x aut XII libr. turon.

Stephanus de Laumeto dixit : quod fiat diligens custodia civitatis,
pro Rege, juxta mandata et injunxiones.

Quoad recompensam faciendam procuratori Regis, pro laboribus
de la morta paya, quod dentur eidem x aut XII lib. turon.

Mr Bartholomeus de Agiis, notarius, dixit : quod fiat diligens
custodia.

Item, quoad de Cressio petitam recompensam de viagio curie
Regis supra facto de la morta paya, quod concorditer leviori modo
propositum sit, eodem de Cressio.

RECORD DU 26 JANVIER 1483 (1484).

SOMMAIRE :

Lettres missives adressées par le Roi aux consuls, touchant les gens d'armes qui
s'étaient jetés sur le pays et au sujet de la garde de la ville de Lectoure. Le maître-
d'hôtel du Roi, Antoine de Laymet, retenu à Agen par les eaux, était porteur
de ces lettres. Il les a transmises, avec prière aux consuls d'aller le trouver, au
nombre de deux ou trois.

Noms des présents.

Conclu, que trois consuls et deux personnes de bien iront à Agen trouver le maître
d'hôtel du Roi, entendront sa commission et s'informeront auprès de lui de
toutes choses.

XXVI januarii [1483] (1484).

Recort tengut per los senhors cosselhs ab d'autras bonas gens
habitans de Lectora, sus augunas lettras missorias, que lo Rey
tramete aus susditz senhors, tocan las gensdarmas que se eran
metutz sus lo pays et per la garda de la vila de Lectora, las
cals letra[s] portaua lo mestre d'ostal de[u] Rey s^her Anthoni de
Laymet (1), local era demorat Agen, per causa de las ayguas,
et las abe trametudas aus susditz senhors, et outra lo dit senhor
lor enbiaua letra, que anessan part dela, dus o tres.

(1) Les nombreuses lettres du roi Charles VIII aux consuls de Lectoure
ont toutes disparu des archives. Elles ont été publiées d'après les originaux,
en 1845, par M. de Métivier (*Documents historiques inédits, extraits de la
bibliothèque royale, des archives et bibliothèques des départements*, t. III, p. 499-
514). Nous rapportons ici celle que nous paraît viser le record du 26 jan-
vier 1483 (p. 509) :

« 4 janvier.

« De par le Roy. — Très chers et bien amés, pour ce que nous avons esté
« advertis que grandes assemblées de plusieurs gens de guerre à nostre sceu ?
« et sans autorité, congié et mandement de nous, sé font ès pays de Languedoc,
« Armaignac, Rouergue et pays circonvoisins, nous envoyons esdits pays nostre
« amé et féal conseiller et maistre d'ostel Anthoine de Lamet pour faire infor-
« macion de ceulx qui sont causes desdites assemblées, les adjourner person-
« nellement par devant nous et saisir leurs maisons, terres et possessions, afin
« de corriger et faire pugnir les délinquans. Si voulons et vous mandons que
« tout ce que pourrez savoir desdites assemblées et des griefs et maulx que
« les dessus dits gens de guerre ont faict et font à nos subjects, vous advertissez

Noble Bertrand de Mauleon, Bertrand Daueda, Guilherme Borderii, G^m Reyne, Pey Cauare, Me Jacme Benerii, Me Pey de Bilheras, Arpin Fogerat, G^m Peres, Johan de Fis, Johan de Boquet, G^m de Berlana, Forton déu Cos, Menyot Cauare, G^m de Genoes, Arpin Pascau, Belotin Cursson, Manaut deu Luc, Me George Lucas, J. deu Miralh, P. Banchet, Bernat deu Fau, Pey deu Luc, G^m Ribaudit, Stebe Corrau, Manaut de Fortet, Gaysson Thora, Menyon Trenqua, Me Jacme Abonsin, Art. des Pelanca, Johan de Lafont, sabate, Johan Despital, Peyre Vidal, Johan de Monmaton, Vidau deu Juau, Oddet des Axs, Sans La Costa, Anthoni Drulha, Jacme Dagusan, Auge de Cassanha, G^m de Foranhan, Ramon Sirven, Anthoni del Bost, Johan de Bearn, Johan Delier, Bertrand de Mauriet, Me Jacme Handonis, Sans de Puyos, Johan Roselh, Sansso..., Berthomiu de Molas, Johan de Saint Johan, Bernat de Peyra, Pey Renaut, G^m Lana, Augustin Gaudurel, Sans de Sarranta, Johan de La Crotz, P. de Gariapoy, Art. et G^m Foranhan, J^n de Peres, Stene Laumet, Johan de Garros, Nauton de Thosin, G^m de Iragua, Manaut de Peyret, Pey de Sarranta, Art. des Axs, Johan Carrera Scala, Vidau de Rotis, Johan de Melu, Johan de Saint Abit, Art. des Axs (lou pay), Johan deu Casso, Manaut de Bilheras, Johan Chyuale, Sans Azema, Bernat Argelos, Menyon deu Fau, Manaut de Las Mas, Johan Guilhamau, Bernat de Grisolas, Johan Lafont, Vidau de Ricau, Vidau d'Aulin, Johan de La Serra, Bernat de Boquet, Johan de Monsset, Arn^t Carrente, Johan German, Pey de Vila.

Totz opinen et conclusin, que dus o tres dus senhors cosselhs, ab hun o dus personages de ben, se transporten Agen au dit mestre d'ostal, per ausir sa comission et se enforma dab luy de totas causas.

◆

« nostre dit maistre d'ostel et lui communiquez féablement toutes les circons-
« tances et deppendances desdites assemblées, à ce que nous y puissions donner
« si bon ordre et provision qu'elles n'ayent en temps aucun cours et que nos
« subgects puissent vivre en bonne tranquillité de paix ainsi que le désirons.
« — Donné à Paris le mesme jour de janvier.

« *Signé* : CHARLES. — *Contre-signé* : BEZZIAN. »

RECORDS DE 1485 A 1486.

(Arch. mun., BB. 1.)

J. H. S.

Libre de recortz feytz e tengutz, per los senhors cossos de la ciutat de Lectora, de l'an mil IIII^c *LXXXV e finit en l'an mil* IIII^c *LXXXVI, ensemps ab d'autres de las bonas gens de la vila, cum son dejus scriutz; estans cossos de la dita vila per la presenta anneya los senhos : Guilhem de Las, Me Aymeric Jaquet, notari, Gayssio Foassin, Bertran de La Coma, Bertran de Sercii e Johan de Sanssene (1).*

RECORD DU 24 JUILLET 1485.

SOMMAIRE :

Le Juge mage demande qu'il lui soit fourni maison et logis en payant, comme il l'a du reste demandé d'autres fois.

Noms des présents.

Conclu, que les consuls peuvent traiter pour tel local qu'ils voudront; mais en aucun cas la maison commune ne sera offerte au juge mage.

Recort tengut en la mayso cominal de la ciutat de Lectora, per messenhos de cossos, senher Guilhem de Las, mestre Aymeric Jacquet, Gayssion Foassin, Bertran de La Coma, Bertran de Sercii e Johan de Sanssene, cossos de l'an present dessus scrit, ab los autres personages dejus scritz, sus so que mossenhe Juge mage (2) demanda, que los ditz senhos cossos lo prouesiscan de

(1) Les consuls étaient élus et renouvelés chaque année, à la Saint-Jean-Baptiste (voir Arch. hospitalières de Lectoure : comptes du XVe siècle).

(2) Nous ne saurions indiquer le nom du juge mage de la sénéchaussée d'Armagnac au siège de Lectoure, au mois de juillet 1485. En 1481, il se nommait Me Barthélemy de Bulles (Arch. mun., série FF., lettres du sénéchal du 25 septembre 1481); en 1487, Jean de Testet *(Joannes de Testeto) (Hist. de Gasc.,* t. VI, p. 378, pièces justificatives).

logis ab son argen, anssi que d'autras betz abe requerit l'y estre prouesit; lo cal forec tengut en la mayso cominal de Lectora (1), l'an dessus e lo xxiiii jorn de julhet.

Mestre Pey de Bilheras, notari, Mᵉ Guilhem Borde, notari, Mᵉ Henric de Mauriet, Mᵉ Jacme Venierii, notari, Anthoni de Soles, Guilhem de Peres, Bertran de Abeda, Pey deu Luc, Stene de Laumet, Guilhaumes Vieilhas Casas, Pey Cauare, Guiraut Faur; Arnaut Guilhem de Berlana, Guiraut Brunet, Pey Vernha; Guilhamet de Berlana, Arnaut Alabanstra, Jacmet de Agusan, Johan deu Luc, Manaut deu Luc, Johan Delas, Johan de Nadossa, Ramond Alausa, Bertran de Las Mas, Bernardon de Berlana, Bernat de Argelos, Vidon Delas, Bernat Thosin.

Totz los personages dessus scritz opinen e concluzin, que si los senhos cosselhs podin tractar e adjudar au dit mossenhor juge de aber mayso e logis, que o fassan; mas que [de] nulha maniera, non l'y balhen ne subjuguen la mayso cominal de la bila au dit juge.

RECORD DU MÊME JOUR.

SOMMAIRE:

Noms des présents réunis en l'église du Saint-Esprit, au sujet de l'ouverture et de la garde de la porte de Capdemasse, appelée des Carmes, pour l'entrée des foins et des vendanges.

Conclu, que ladite porte sera ouverte ; on y posera des gardes, pour qu'il n'advienne aucun inconvénient.

Recort tengut sus la garda de la porta de Capdemassa, apelada des Carmes (2), per causa de intrar los fes et verenhas.

֍

(1) La maison commune était à cette époque située sur la grande rue et la rue du Fourn (aujourd'hui Montebello). Elle avait été acquise par la ville en 1293, mais les services ne durent y être installés que vers la fin du xivᵉ siècle; en 1501, la ville ayant acquis d'autres immeubles attenants sur la rue du Fourn, cette maison commune devint le palais de la sénéchaussée (voir Arch. mun., notamment Inventaire de 1591 : titres et instruments d'acquisition, série II).

(2) Le couvent des Carmes, situé anciennement hors des murs de la ville, près la fontaine de Fontélie, sur un terrain appelé le Martysat, avait été transporté à l'ouest de la porte de Capdemassa ; Jean V avait fait démolir cet

. L'an e jorn dessus, en la dita gleysa deu Sant Sperit, per los susditz senhos cosselhs, vieilhs e nouetz, et los senhes Pey deu Luc, faure, Bernat de Peyra, Vidau Dorganh, Pey de Labadia, Johan de La Crotz, habitans de Lectora (1).

Totz los perssonages dessus nomentatz opinen e conclusin, que la dita porta estanga uberta per embarrar e reculhir los frutz, ab que y sian metutz gardadors e personages sufficiens que inconvenient non en bienha.

RECORD DU DERNIER JOUR DE JUILLET 1485.

SOMMAIRE :

Les consúls demandent : l'imposition d'une taille pour continuer les réparations, suivant lettre missive du sénéchal ; la contribution des chanoines au-payement des droits de souquet, selon l'usage ; le recouvrement des bois pris au Gajan par ceux de Salesses et transportés à Plieux ; la construction du pont du Pin, sur le chemin qui va à Fleurance.
Noms des présents.
Conclu conformément à la demande des consuls ; et si l'école et le pont du Pin peuvent se faire, qu'on les fasse.

Recort tengut per los senhos cosselhs, ab los personages dejus scritz, sus la imposition de una talha, per continuar a las reparations de la vila, cum es nouelament mandat per mossenhor Senescal d'Armagnac ab letra missoria; l'an present mil iiiic lxxxv, lo dimenge darre jorn de julh.

. Et parelhament, per metre en effieyt e prosecta, que los senhos de la gleysa contribuscan e paguen lo soquet deu vin, cum de tot james es acostumat que ne paguaççan.

. Et ainssi medis far diligenssa, de recubrar la fusta que es

---

ancien couvent qui gênait le tir de l'artillerie, et leur avait donné en ville un emplacement qui s'étendait de ladite porte à la place du Marcadiéu. La porte de Capdemassa dut prendre dès cette époque le nom de porte des Carmes (Arch. du couvent des Carmes).

(1) L'assemblée évidemment a dû être plus nombreuse, on a négligé d'inscrire les noms.

estada presa deu Gayan et transportada a Plius, per los de Salessas (1); et per fe lo pont deu Pin qui va a Florenssa.

Mestre Pey de Bilheras, Anthoni de Soles, Bernat de Capdevila, Sans de Puyos, Johan de Serias, G^{hm} de Vinhas, perisse, Belotin Bacque, Anthoni Costa, Anthoni del Bosc, Arnaut de Ayraut, Pey Ferrie, Sans La Gorga, Johan Darre, Forton deu Cos, Vidau Dorganh, Anthoni Drulha, Pey d'Aziera, Johan..., Arnaut de Sarramea, Vidau d'Aulin, Pey d'Aulin, Guilhaumes Vieilhas Casas, Pey de Verdun, Pey de Poy, Vidau de Sarranta, Bertran de Abeda, Steve de Corrau, Me Jacme Venier, notari, Guilhem de Peres, Nauton de Thosin, Manaut de Bacque, Manaut de Las Mas, Art. de Costau, Johan de Boquet, Bertran de Lestrada, Vidot de Materon, Bernat Delier, Johan Carrera, Arnaut Lagarda, Pey de Gariapoy, Arn^t Guilh^m de Berlana, Oddet Trenqua, Sans Lacosta, Guilhem de Vinhas, Johan de Salere, Arn^t Guilhem de Geussac, Pey de Vives, Johan de Fiis, Arnaut de Vic, Manaut de Batcarrera, Sans de Parage, Guilhem de Tin, Guilhem de Ayraut alias Arche, Ramon de Labadia, Bernat de Mestre, Guilhem Lana, Johan deu Mas, Johan de Sant Johan, Mc Guilhem Borde, notari, Guilhem Ded..., Manaut de Sarramea, Nauton des Axs, Fort Guilhem Boyssa, Steve Tornayre, Johan de La Fargua, Peyroet de Faulin, Arnaut de Castera, Anthoni Marniera, Pey Dalea, Manaut de Sant Johan, Pey de Boe, Pey deu Luc,... de Samatan, Pey de Clauaria, Johan de Moras, Guilhem Thopie, Johan Ortolan, Johan de Bearn, Me Berthomiu de Agis, notari, J. Carrera Scala, Johan de Cotenxs, Arpin Danyas, Ramon de Montession, Martin de Forssans, Ramond Alausa, Arnaut deu Malho, Johan de Nagenta, Menyon de Labadia, Manaut de Bilheras, Arpin Pascau, Pey de La Sala, Bernat de La Mesplada, Bernat deu Casso fils de Ramon, Forton de Picat, Johan de Bilhera, Menyo de Montession.

Totz los senhos dessus nominat[z] opinen e conclusin ab deliberation de lor conselh, que las causas dessus metudas en recort per los senhos cosselhs, Guilhem De Las, Me Aymeric Jaquet, Gaysson Foassin, Bertran de La Coma, Bertran de Sercii e Johan de Sanssene, sian feytas e metudas en diligenssa et efeyt,

(1) Hameau (commune de Lectoure), près Plieux.

so es : inpausar una talha per aquesta aneya, fer diligenssa e proseguir de recubrar la fusta que an presa los de Salessas de Plius.

Ayssi medis, que los senhos de la Gleisa paguen lo'soquet deu vin; e si recusan, sia metut en justicia a tota diligenssa ; et si se pot fer la scola (1) e lo pont deu Piu, que se fassan.

RECORD DU 5 SEPTEMBRE 1485.

SOMMAIRE :

Garde des portes à cause des mortalités et des gens d'armes qui parcourent les environs. Guet à faire la nuit. Publications pour les vignes et les vendanges. Concours pour la place de maître d'école de la ville.

Noms des présents.

Conclu, que les portiers seront augmentés, et défenses seront publiées pour les vignes. Les candidats à la place de maître d'école apposeront des conclusions à la porte de l'église, et l'on choisira le meilleur en *clergie* (le plus savant).

L'an mil IIII^c LXXXV, lo v jorn de septembre, en la mayso cominal, fouc recort tengut per los messenhos de cosselhs, sus lo feyt de la garda de las portas de la bila, et per refforssa la garda, de autres dus personages de portes, a causa de las mortalhas ; et ayssi medis per causa de las gendarmas que son e descorron a l'entorn de la bila ; et sus lo feyt deu goèyt que sere besonh feyt la noyt, jusques que las gendarmas sian passadas ; et aussi medis per las cridas de la vinha, et sus lo feyt deu mestre de l'escola de la bila.

Mestre Pey de Bilheras, M^{tre} Guilhem Borde, not., M^{tre} Henrric de Mauriet, Bernat de Peyra, Arn^t Guilhem de Belloc, Guilhem

---

(1) Il ne s'agit ici que de réparations. Les écoles étaient de toute ancienneté situées dans la partie du quartier de Guilhem-Bertrand joignant la porte de Capdemasse ou des Carmes :

« Item crompet lo dit Vidau deu magister de l'escola quatre caps de torchas « quant los clers agon feyt la festa de Sent Nicholau, costen... III gros... »

Livre des recèttes et dépenses du bassin du Purgatoire de Lectoure ; comptes de l'année 1481-1482 (Archivos du Gers, G. 70, fol. 26). — Voir encore les terriers de 1491 et 1501 (Arch. mun. de Lectoure).

David, Pey Cauare, Bertran de Abeda, Johan de Fiys; Guiraut de Sant Lana, Belotin Bacque, Pey de La Fargua, Pey de La Badia, Arn^d Guilhem de Berlana, Bert. de Castera, Steve de Laumet, M^{tre} Berthomiou Agiis, Johan de Monmaton, Guilhem Reyne, Anthoni de Soles, Jacme de Agusan, Bernat d'Argelos.

Totz los subreditz senhos foron de opinion et conclusin totz acordadament, que los portes fossan refforssatz de dus autres personages sufficiens; et que sia feyta crida e debeda ab instrument, de las binhas e de la bendemia que se tala; et au regart deus qui volen las scolas, que metan conclusions a la porta de la Gleysa, e que lo qui melhor se portara en clercia que lo sian balhadas.

RECORD DU 13 SEPTEMBRE 1485.

SOMMAIRE :

Lettres du Roi. La garde et le guet auxquels chacun se refuse. Gardes des portes, et à ce sujet il faudrait élire deux prévôts. Police de la ville. Poursuite du procès contre une ribaude appelée Mirandete.

Noms des présents.

Conclu, que le Roi sera obéi et la ville gardée en son obéissance. On doit poursuivre les contrevenants. Deux prévôts seront nommés par semaine pour la garde de la ville, et, quant au guet, les défaillants doivent être punis.

Les consuls doivent encore surveiller la vente du pain, de la viande et autres comestibles, et éviter que les officiers royaux s'entremettent. Il faut abandonner le procès contre la Mirandete pour le moment; mais qu'il lui soit signifié que si on la trouve en lieux suspects, il sera fait justice d'elle.

XIII de septeme.

Recort tengut per los senhors cosselhs de la ciutat de Lectore, ab auguns de las bonas gens de Lectore.

Et prumerament subre unas letras que eran estadas trametudas per lo Rey (1).

---

(1) Cette lettre du Roi serait à la date du 31 août précédent (*Documents inédits*, etc., t. III, p. 507; cités plus haut, note au record du 26 janvier 1483). Le Roi, après avoir parlé des ennemis du Royaume et de la rébellion du duc

Item; sus lo feyt de la garda e goeyt, per so que cascun recusa de y anar; et ainssi medis sus la garda de las portas de la vila, e de y elegir dus prebost que ayan la cargua, atendut que los cossos an pro autras besonhas que non y poden vaccar; et sus la policia de la vila tocan la venda deu pan e autras causas que los officies deu Rey occupan la conoyssensa; et aussi medis sus la prossecta deu pleyt de la appellation contra una ribauda apelada Mirandeta.

M^{tre} Pey de Bilheras, mestre Henric de Mauriet, Me Guilhem Borde, Steve de Laumet, Bertran de Mauriet, Bernat de Labat, Me Berthomiu de Agiis, Me George Lucas, Pey deu Luc, Johan de Fiis, Johan de Seran, Arn^d Guilhem de Tibaut, Bernat Delier, Domenges de Labadia, Pey de Causac, Guilhem de Justian, Pey La Fargua, Pey Dagulha, Manaut de Fortet, Pey Desparros, Bert^d de Labat filhet, Arn^t de Lafont, Johan Gulhamau, Steve Artos, Johan de La Crotz, Johan de Campetz, Johan La Serra, Bernat de La Casa, Johan de Monset, Sans de Puyos, Sans de Sarranta, R. Bernat deu Buc, Nauton de Castera, Nauton de Sobanhan, Manaut de Batcarrera, Bernat de Labric, George Perier, Oddet des Axs, Pey de Banchet, Johan de Sant Johan, Vidau de L'Hoste, Bernat d'Argelos, Johan de Bilhera, Arn^t Guil-

---

d'Orléans, qui, avec nombre de gens de guerre, s'était retiré à Blois et Beaugency, poursuit ainsi : « ... Au surplus, nous vous mandons, commandons et « expressément enjoignons que ne recevez d'eux aucunes lettres, articles ou « remonstrances quelconques par escript ou de bouche, mais si aucunes telles « lettres vous estoient portées de leur part, les nous envoyez à toute dilligence « ainsi que autreffois avez fait, en détenant prisonniers tous ceulx qui les « porteront et d'iceulx ne faites delivrance sans notre exprès commandement. « — En vous mandant en outre faire bonne et seure garde de vostre dite « ville pour nous, et que n'y recevez ne laissez entrer ne converser aucunes « gens de guerre non ayans sur ce charge expresse de nous, et que de ce « il vous appere par lettres closes et mandements patens signés de nostre main « et de l'un de nos secrétaires, et nous y servez, comme en vous nous en avons « nostre conffiance et en maniere que inconvénient n'en adviengne et qu'il « n'y ait point de faulte. — Donné à Orléans, le dernier jour d'aoust ».

« *Signé* : CHARLES. — *Contre-signé* : PARENT. »

On sait que cette prise d'armes des princes, qu'on a appelée la *folle guerre*, se termina au mois d'octobre suivant par un appointement amiable offert par la dame de Beaujeu et accepté par le duc d'Orléans.

hem de Meriten, Manaut de Bilheras, Johan Barlete, Vidau de Bordas, Johan-Chiuale, Jacme Dagusan, Johan del Mas, Guilhem Ayraut, Pey d'Ayziera, Vidau deu..., Domenges Montession, Bernat de Labarbera, Johan deu Luc, Vidot de Matero, Manaut de Sant Johan, Vidau deu Basco, Guiraut de Sant Lana, Belotin de Cursson, Bernat de Peyra, Guilhem Bazin, Pey Bernha, Pey Renaut, Guiraut Faur, Johan de La Crotz, Manaut deu Luc, Guilhem de Juncqua, Domenges deu Juau, Johan Casala, Augustin Gaudurel, Pey de Tarris, Johan Laburguera, Manaut de Peyret.

Totz los subreditz senhors opinhen e conclusin e demoren de acordanta volentat, que lo Rey sia obedit e feyt son comandamen de gardar la vila a sa obeyss[enss]a ab tota diligenssa, e que non sia recebut degun que poscos esse subransse a la vila.

Et que sia feyta punhicio deguda contra los rompens las debedas e proclamations feytas, anssi que lo cas requiert.

Et que sian elegitz prebost per la garda de la vila, per semmanas, e personages sufficies; et deu goeyt, que los defalhens sian punhitz regurosamen, attendut lo inconvenient que s'en poyre ensegui.

Et tocan la policia de las pancosseras e autres tenens biandas bendablas per menyar, que los senhors y prouesiscan e fassan bona diligenssa e besiten; que non calha que los officiers reals s'en entrametan (1).

Et au regart de proseguir la appellation de la dita Mirandeta, que hom la leysse per aras, per ebitar proces e costages a la vila, mas que lo sia intimat que se es plus trobada en loc sospeytos, que ne fara hom la justicia que appartendra.

(1) La ville avait à cœur de conserver intacts ses droits de justice et de police dans sa juridiction.

RECORD DU 21 SEPTEMBRE 1485.

SOMMAIRE :

Travaux aux fortifications ; faudrait-il demander 40 ou 60 arbalétriers pour garder la ville selon les besoins ?

Noms des présents.

Conclu, qu'il faut faire bonne garde ; que les murs des fortifications doivent être garnis, au-dessus, de pierres et d'épines ; que l'on fasse venir 40 ou 60 arbalétriers au gré du seigneur de Pordéac et des consuls ; un plus grand nombre, si cela paraît nécessaire.

Du mandement du seigneur de Pordéac, lieutenant du sénéchal d'Armagnac, et par ordre exprès du Roi, il est rappelé aux consuls de bien garder la ville dans l'obéissance du Roi.

Instrument dressé sur la demande dudit seigneur de Pordéac ; Mathey et Lucas notaires, signés.

XXI septeme M. CCCC LXXXV.

Recort tengut per los messenhos de cossos, sur la garda de la vila e fortificament de aquela tant per fe montar la peyra menuda sus la muralha e fornir d'espina ab la dita peyra ; et ayssimedis de recebre e metre a ayda de la vila XL o LX balestes, si mestier fossa, e...

M⁰ Guilhem Borde, notʳⁱ, Bernat de Peyra, Pey deu Luc, Steve de Laumet, Johan de Garros, Guilhem de Peres, Pey Cavare, Mᵉ Berthomiu de Agiis, Bertran de Mauriet, Johan Azema, Guilhem de Puyos, Bernat de Capdevila, George Perier, Vidon Delas, Menyon de Montession, P. de Bearn, Sans de Puyos, Bernat de Labat, Guilhem Ribaudit, Guilhem Ayraut, Guilhem de Juncqua, Bernat Pascal, Pey Berger, Johan Barlete, Menyon de La Badia, Manalt de Peyret, Arnaut Guilhem de Tibaut, J. de Poylamay, Mᵉ George Lucas, Mᵉ Pey de Bilheras, J. de La Font, Pey de Faulin, Arpin Danyas, Guiraut Beral, Bertran de Abeda, Pey Renaut, Gᵐ Arnᵗ de Belloc, Johan deu Luc, Manaut de..., Arnaut deus Axs, Arnaut de La Font, Bernat Argelos, Manaut de Bilheras, Johan de Hospital, Guiraut de Foranhan, Ramon de Foranhan, Vidot de Materon, Vidau deus Bordiua, Johan de Sant Johan, Manaut de Sant Johan, Guilhem de Fornes, Guilhem Bacque, Pey Codre, Steve Tornayre, Bernat

La Casa, Martin de Forssans, Anthoni del Bosc, Johan Chiuale, Laurens Bunhet, Johan Casala, Belotin Opes, Guilhem deu Miralh, Menyon deu Juau, Augustin Gandurel, Guilhames Vielhas Casas, Johan de Vinhas, Johan Darre, P. Clauaria, Oddet deus Axs, Pey Ferrie, Monet de Foru, J. de Peres, Manalt de Fortet, Johan German, Arnaut de Vic, Steve Artos, Johan de Las, Johan de St Avit, Menyon de Jazede, Domenges Cauare, Johan de Fiys, Peyron de La Sala, Nauton de Castera, Johan de Relhis, Guilhem de Bazetz, Arnaut Dayraut, Menyoton de Fau, Bernd. deu Fau, Arn^t Guilhem de Berlana, P. La Fargua, Johan de La Crotz, Guilhem de Bazetz, lou gis, Guilhem de Bazetz, perro, Johan deu Prat, Bernat de Berlana, Anthoni Costa, Johan de Molas, P. Labarta, sarte, Arn^t de Castera, Vidau de Bordas, Arnaut de Sorbon, P. de Poy, P. Dalea, Poincet Fauler, Forton de Ladoys, Pey de Garros, G^m La Casa, Forton deu Cos, Pey Vidal, sabate.

Omnes supra nominati fuerunt opinhionis et concluserunt, quod fiat bona custodia, et quod muri fortificentur lapidibus et spinis de super, et arnesio provideatur (1).

Et pariter, quod si videatur eisdem dominis consulibus, fortificentur de XL aut LX balestariis, seu ad arbitrum dominorum de Pordeaco et consulum civitatis, si videatur in majori numero balistariorum.

Ibidem, per dominum de Pordeaco, locum tenentem domini senescalsi (2), fuit indictum et mandatum ex parte Regis, dominis

(1) En 1490 les consuls rendirent l'ordonnance suivante : « L'an mil iiii^c « nonanta e lo xii jorn deu mes de abriu, foc feyt stabliment e ordenanssa per « los senhos conselhs deu dit an ab recort sus aquo tengut, que cascun (an), « can los cosselhs seran elegitz, que los qui seran en lo dit an noblament elegitz « cosselhs que cascun balhera una balesta degarnitha o una autra garnida de « iiii^{te} poleyos, las calas balestas seran recebudas per los senhos cosselhs do « l'an seguen ab tant que sian razonablas a lor coneysssensa e demoraran en la « mayson cominal per lo seruici de lá bila can sere necessitat; e per tal que « la dita ordenanssa e stabliment sia melhor entretengut et observat per ara « et per totz temps, los bosses de cascun an retenderan la sodada de cascun « consol, que cora elegit noblament, entro que ayan balhada cascun sa balesta. « Signé : Pey de Bilheres, licenciat, ad mandatum dominorum consulum. »
(Extrait du Livre blanc, fol. 92, Arch. mun., DD. 1.)
(2) Bernard de Bassabat, seigneur de Pordéac. Les lettres de la chancellerie de Toulouse, pour sa mise en possession de la capitainerie du château et ville de Lectoure, sont à la date du 26 août 1484, datées de Toulouse, signées de Lamarche (Arch. mun., série AA ; parchemin).

consulibus, Jaqueti, Foassin, Sercii, de Coma et de Sanssene, quantum habeant tenere et custodire sub bona custodia civitatem, pro eodem domino nostro Rege, sub pena quam possent incurrere, ut et alias fuerit indictum.

De quibus premissis omnibus, predictus dominus locum tenens petiit et requisivit fieri instrumentum per nos. Mathey, not., G. Lucas, not.

RECORD DU 17 OCTOBRE 1485.

SOMMAIRE :

Envoi d'un messager à pied à la cour, avec lettres pour le Roi et le sénéchal d'Armagnac, à l'effet d'obtenir que 50 habitants fussent de la morte-paye, comme à Bordeaux et à Bayonne, villes de garde ; l'argent resterait ainsi à la ville. Échange proposé de la maison de Jaquet Vila, avec celle de l'école.

Propositions d'un *bregantine* de Toulouse, de venir à Lectoure, pour fournir 30 ou 40 brigandines et javelines.

Noms des présents.

Conclu, que les consuls feront pour le mieux ; on s'en rapporte à leur sagesse.

Lo XVII de octobre.

Recort tengut per los senhors cosselhs de la ciutat de Lectora ab auguns habitans de la dita ciutat, dejus nominatz, per tramete hun home a pe a la cort deu Rey, ab unas letras missorias e unas autras letras a mossenhor lo senescal d'Armanhac, per sabe e vese se hom poyre far que esta bila y agossa L companhos de la vila que fossan de la morta paya, com es a Bordeu e Bayona e autras vilas de garda, que ne sera gran ben a la vila, e lo argen demorera a la vila ; que monta per personage LX^{ta} francxs, e ainssi monta l'an dus mila francxs.

Et parelhament, que era estat mogut fe camby de l'hostau de Jacme Vila, de la porta de Guilhem Bertran, ab la plassa de l'escola que la vila a agut deus Carmes.

Et ainssi medis, de far venir hun bregantine de Tholosa, que se era presentat de venir demora esta bila e que prestera d'assi a Sant Johan, xxx o xL brigantinas e gevelinas.

Mossenhe de Pordeac, mestre Pey de Bilheras, mestre Guilhem

Borde, senher Pey deu: Luc, Gabriel Besina, Bernat de Peyra,
Bertran de Mauriet, Johan de Garros, l'oste, Anthoni de Soles,
Guilhem de Peres, Guilhem Reyne, Belotin Bacque, Pey Cauare,
Johan de Boquet, Bertran de Abeda, Me Jacme Abonsin not.,
Manaut de La Roqua, Arpin Fogerat, Johan de Monmaton,
Guirauton de Fostarreau, P. de Tarrit, Bernat de Labric, P.
Desparros, Guiraut Faur Mélianda, Guilhaume Vielhas Casas,
Johan de Monsset.

Totz a una votz e deliberation an opinat e. dit, que las causas
sus ditas se fassan e metan en efiéyt au melhor que aus senhos
cosselhs semblara feyt, au profieyt de la vila; e de tot en tot lor
an remetut.

<hr />

RECORD DU 23 OCTOBRE 1485.

SOMMAIRE :

Usurpations faites par M. de Fimarcon sur plusieurs points de la juridiction. .
Noms des présents.
Conclu, qu'il faut demander lettres du grand conseil du Roi et les mettre en expédition.

<hr />

Recort tengut per los senhos cosselhs e autres habitans de
la ciutat de Lectora, sus so que mossenhe de Fiumarcon (1) se
efforssa occupa la juridiction e terratoris de Lectora, tant au
Moret e au Manhon que autras partz; local forec tengut en la
mayso cominal, l'an dessus e lo XXIII jorn de octobre, e opinat
e conclusit ainssi que dejus se ensiec.

Noble Bertran de Mauleon, mestre Henrric..., Guiraut Beral,
Johan de St Abit, Arnt de Sorbou, Miqueu de Lacharri, Steve

<hr />

(1) Jacques de Lomagne, seigneur de Fimarcon, de la maison de Lomagne,
avait reçu la garde de la ville et du château de Lectoure, après la victoire du
sire de Beaujeu au 15 juin 1472; mais, surpris par Jean V quelques mois après,
il avait été, sur l'ordre de Louis XI, enfermé au fort du Hâ. A la suite de
la prise définitive et de la démolition de la ville, il s'était emparé de certaines
parties de territoire appartenant à la juridiction de Lectoure et, malgré les
lettres patentes du Roi, du 22 mai 1481, il persistait dans ses usurpations.
Ajourné devant le sénéchal d'Armagnac le 5 décembre 1486, il déclina sa
compétence, vu que Lagarde, sa principale résidence, ressortissait à la séné-

Artos, Bertran de Mares, Sans de Lamberro, Manaut de Peyret, Mᵉ Guilhem Borde, not., Guilhem Bazin, Bernat de Peyra, Johan de La Font, Pey Cauare, Mᵉ Berthomiu de Agis, Arnᵗ Alabanstra, Peyrot de La Badia, Johan La Serra, pittoret, Bernᵗ de Capdebila, Johan La Burguiera, Johan Chiuale, Arnᵗ Guilhem Meriten, Johan deu Luc, Johan de Moras, Bert. de Labat, Arnᵗ de Vic, Johan Babet, Johan de Ayme, Johan de Monmaton, Arpin Fogerat, Bertranet de Abeda, Johan de Lier, Bernᵗ de Lier, Pey de Seran, Johan de Fiis, Belotin Bacque, Menyon de Jazede, Pey de Preyssac, Bert. de Cabiron, Marticot de Heyrnil, Arnᵗ des Pradetz, Manaut de Las Mas, Ramon Bernat deu Buc, Anthoni Costa, Peyroto deu Casso, Johan de Menbiala, Arnᵗ La Garda Milhet, Guilhem de Juncqua, Pey Carente, Bernat La Casa, Bernat Pascau, Ramon de Conge, Nauton de Castera, Sansso de Castera, Mᵗʳᵉ Jacme Hondonis, Guilhem de Peres, Johan de Garros, hoste, Steve Corrau, Guilhem de Berlana, Arnᵗ de Hospital, Johan de Serras (de l'Esquera), Johan deu Casso, Pey Ferrie, Sans La Gorgua, Bert. Dauge, Guilhaumes de Fornes, Bernat de Labat, Johan de La Crotz, Pey de Vila, Guilhon Bacque, tissene, Guilhem de Bazetz, vielh, Augustin Gandurel, Anthoni del Bosc, peyre, Verdot de Monferran, Johan de La Forgua, Pey de Boe, Jacme Dagusan, Johan de Boquet, Gᵐ de Juncqua, Miqueu de Bearn.

Totz los susditz an opinat, que sian impetradas letras deu gran conselh deu Rey, e metudas en expedicion.

chaussée d'Agenais. Le 3 août 1493, les consuls obtinrent des lettres de la chancellerie de Bordeaux qui le sommaient de comparaître devant le Parlement. L'enquête des faits articulés de part et d'autre commença vers la fin de l'année 1496; elle eut lieu à Fleurance devant Nicolas Ruffinau, conseiller à la cour de Bordeaux. Ce long débat aboutit à un appointement entre le seigneur de Fimarcon et la cité de Lectoure, en 1499; nous le trouvons enregistré au terrier de 1491, *in fine*, fol. 317, étant consuls de Lectoure : Henric de Mauriet, licencié, Stebe de Laumet, Art. Foassin, Arpin de Fogerat, Mᵉ Jacmes Benierii, Mᵉ Gabriel Michaelis, notaires (Arch. mun., différend entre la ville et le seigneur de Fimarcon, plusieurs pièces, série FF). Voir P. Anselme, Maison de Lomagne.

RECORD DU 13 NOVEMBRE 1485.

SOMMAIRE :

Garde des portes en temps de guerre ou de maladies; faut-il donner des aides aux portiers?

Doit-on abandonner à la succession de G. de Las, chef du consulat, la robe et les fourrures qui lui ont été fournies?

Noms des présents.

Conclu, qu'aide sera donnée aux portiers et que la garde des portes se continuera jusqu'à Pâques.

Renvoi de l'affaire G. de Las.

XIII novembre.

Recort tengut per los senhos cossels e autres habitans de la vila, per bese si se continuera la garda de las portas de la vila, tant per guerra que per mortalhas, atendut que lo terme de Sant Martin es passat e los portes an servit; et si ab los portes, se meteran dus personages principals de las maysos a ayda aus portes, com fen a Condom e autras vilas a l'entorn, cant hom conoysera que sera necessitat aydar aux portes afermatz.

Item ainssi medis fouc tengut recort sus so que lo senhe Guilhem de Las, cap de cossolat, era mort, e lo era estat balhat lo drap de sa pelha de cossolat, estan augunamens malaut, esperan que reconbalisca; et las foraduras de las petz eran demoradas en l'ostal del senhe Gayssion Foassin, cosselh, e non saben si se deben balhar aus heretes deu dit senhe Guilhem de Las las ditas foraduras, o non.

M{tre} Guilhem Borde, Pey deu Buc, faure, Pey Cauarc, G{m} de Peres, Johan de Monmaton, Steve de Laumet, Pey Vernhas, Vidau Despenan, G{m} de Reyne, Arn{t} G{m} de Belloc, Johan Barlete, Manaut de Bilheras, Forton deu Cos, Pey Banchet, Johan de La Font, Bernat deu Forn, Guirauton de Sant Lana, Bertranet de Abeda, Bernat de Peyra, Belotin Bacque, Johan La Burguera, Pey de Genssac, Bernat de Capdebila, Bernat de Lier,... Campsegue, Manaut deu Luc.

Totz los subreditz senhors opinen e demoren en recordt acordat, que la garda de la porta se continuessa com dessus, d'assi a

Pascas, ab personages afermatz, temps per temps; e per ayda a lor, fossan metutz dus captz d'ostal, si besonh fossa, non plus.

Au regard de las foraduras, conclusin e demoren que perso que y abe petit nombre de gens per lo present, non y agossa conclusion; mas fossa demostrat en autre recort, ont agossa maior nombre de gens de la vila.

RECORD DU DERNIER JOUR DE DÉCEMBRE 1485.

SOMMAIRE:

Le Procureur du Roi a rapporté de la cour certaines lettres missives du Roi, au sujet des hommes de la morte-paye; il lui est dû une récompense.
Noms des présents.
Conclu, qu'il lui soit donné la récompense qu'il mérite.

Recort tengut per los senhos cosselhs, mestre Aymeric Jaquet, Gayssio Foassin, Johan de Sanssene, cossos de l'an present de la ciutat de Lectora, ab los autres personages dejus scritz, sur las letras missiuas deu Rey, que lo procuray deu Rey abe portadas de la cort, sus la resposta de las lectras que los senhos cossos aben trametudas per aber la morta paya; et sus la recompensa que lo procuray deu Rey demanda, perso que abe demorat gran temps a la fizanssa de mossenhe seneschal d'Armanhac, per aber responsa e deliuranssa de la dita morta paya; lo cal recort forec tengut, l'an dessus e lo darner jorn de decembre, en la mayso cominal, e opinat ainssi e ab los personages dejus scritz:

Mestre Henrric de Mauriet, mestre Pey de Bilheras, mestre Jacme Hondonis, mestre Jacme Benierii, Pey deu Luc, Steve de Laumet, G^m Bazin, Bernat de Peyra, Pey Cauare, Arn^t Guilh^m de Belloc, Guilhem de Reyne, Arpin Danyas, Vidau Despenan, Anthoni deu Soles, Guilhem de Peres, Arn^t Guilhem de Castera, Johan de Garros, Bertran de Mauriet, Menyot Cauare, Johan de Montmaton, Arpin de Fogerat, Vidon de Las, Ramon de Montession.

Forec opinat e conclusit, per los ditz senhos, que a causa que lo dit mossenhe procuray abe metut gran diligenssa en las causas susditas de la dita morta paya, que sia rasonablament recompensat, ab que balhe per declaration lo temps e la diligenssa que a feyt per la bila en so dessus.

RECORD DU 6 JANVIER 1485 (1486, n. s.).

SOMMAIRE:

Faut-il cantonner la foire du 1er lundi de carême au corps de la ville, du coin de Pey Cavaré à celui de Bertrand de Sercy, les autres quartiers ayant foire ordonnée? Noms des présents.

Conclu, que la foire du lundi sera établie dans le corps de la ville, attendu qu'il n'y a plus en ce lieu le marché accoutumé anciennement, et qu'aux deux extrémités de la ville il y a foire chaque année.

Recort tengut per los senhos cosselhs de la ciutat de Lectora, ab los autres personages dejus scritz, per ordena e metre la fiera deu prumer lus de carema au cors de la bila, deu canton de Pey Cauare d'aqui a mestre Bertran de Sercii, perso que aus autres cartos dela, au cap e au fons, a fiera ordenada; lo cal recort forec tengut, en la mayso cominal, l'an dessus mil iiiic lxxxv e lo vi jorn de jener.

Mestre Pey de Bilheras, Bernat de Peyra, Johan de Monmaton, Gm Reyne, Bernat de Lier, Arnt Foassin, Johan de Las Cane, Monet des Axs, Pey deu Casso, Guiraut Thopie, Gm de Peres, Pey de La Sala, Vidalet de Aulin, Pey de La Badia, Vidau de Rotis, Arnt de Bordas, Arnt de Malaguisa, Arnt Gm de Genssac, Menyot Cauere, Pey La Fargua, Menyon deu Juau, Vidau de Vinhas, Menyo de Montession, Anthoni Drulha, Gm Bazin, Gm David, Bert. de Mauriet, Me Jacme Abonsin, Martin de Forssans, Bert. de Boquet, Nauton de Vic, Johan de Boquet, Forton de Ladoys, Sans de Parage, Bernat de Berlana, Johan Guilhammau, Steve de Corrau, Augustin Gaudurel, Pey de Gariapoy, Guiraut Faur, Guilhem de Juncqua, Johan Despital, Ramon de Lier, Huguet de Moras, Pey de Berdun, Manaut de Bilheras, Johan de La Font, bayssado, Gm La Casa, Gayssio Thora, Johan de La Serra, Bernat de Cane, Johan de Monset, Pey Renaut, Gm de Berlana,

Bernat de Mestre, George Perier, Vidau deu Juau, Vidon de Las, G^m de Bacque, Guiraut Beral, Sans La Costa, Ramon Bernat deu Buc, Bernat del Forn, Guiraut de Sant Lana, G^m de Las joen, G^m Teyssier, Me Jacme Benierii, not., G^m Ribaudit, Bernat Thosin, Pey de Sarranta, Galhart de Sant Johan, Bernat Pascau, Bernat de Labat, Johan Darre, Martin de Causac, Guiraut Beral, Sans La Costa, Arpin Fogerat, Sans Parage, Steve de Laumet, Johan de Ayme, Bertran de Abeda, Johan de Lafont.

Totz los dessus nomentatz o la plus part opinen e asseriren estre util e rasonable, que la fiera deu lus fossa metuda au cors de la vila, attendut que non y era lo mercat acostumat antiquament, e que au cap e au fons de la vila, abe cascun an fiera, et en lo cors de la vila, non ne abe neguna... (1).

Record du 25 mars 1485 (1486).

SOMMAIRE :

Récompense au prédicateur. — Nouvelles transmises par le sénéchal au sujet des hommes de la morte-paye.

Noms des présents.

Conclu; qu'il sera alloué au prédicateur 6 écus petits. L'affaire de la morte-paye sera abandonnée pour le présent.

XXV mars M IIII^c LXXXV (2).

Recort tengut per los senhos cosselhs, mestre Meric Jaquet, Gayssion Foassin, Bertran de La Coma, Bertran de Sercii e Johan de Saussene, cosselhs, ensemps ab los dejus scritz, sobre dus puntz : l'un si es per recompensar lo predicadou que a predicat lo caresma present;

---

(1) Il manque ici deux feuilles au manuscrit.

(2) L'année commençait le 25 mars à Lectoure et dans une partie de la Gascogne, ainsi que dans quelques villes et pays voisins : Agenais, Rouergue, Cahors, Montauban (Note de M. Moulenq, *Bulletin du Comité des Travaux Historiques*, section d'histoire et de philologie, année 1884, p. 179). Comment se fait-il que le record du 25 mars 1486 porte encore le millésime 1485 ? On peut, ce nous semble, expliquer ce fait de deux manières : 1° le secrétaire des consuls aura mis par habitude 1485 au lieu de 1486; 2° l'explication que voici

Et l'autre, sus augunas nouvelas que mossenhe senescal abe trametut, sus lo feyt de chargua que abe per la vila, a aber esta bila la morta paya.

Mestre Pey de Bilheras, mestre G^m Borde, mestre Berthomiu de Agis, Johan d'Ayme, Guilhem de Bazin, Pey deu Luc, Steve de Laumet, Pey Cauare, Vidau deu Juau, Johan deu Luc, Pey Bernha, Bernat La Casa, Bernat de Peyra, Anthoni de Soles, Guilhem de Peres, Arpin Fogerat, Johan de Montmaton, Guilhem de Reyne, Pey Vernha, Bertranet de Abeda, Bertran de Boquet, Andriu Alabanstra, Johan de Garros, hoste, Johan de Peres, olie, Guilhem Vieilhas Casas.

Totz los susditz senhors opinen e demoren en conclusion e deliberat conselh, que sia donat au dit frayre predicador, per recompenssa de sa pena que a predicat e instruit lo poble, la soma de seys scutz petitz.

Au regart de las novelas que mossenhe senescal abe trametut sus la diligenssa que fase, per aber la morta paya esta vila, com era estat remustrat au dit mossenhe senescal, que per lo present non se preseguisca ny se despensse plus argen de la bila... (1).

---

nous semble plus plausible ; mais nous ne la donnons pas pour certaine : en 1486, le 25 mars tombant un samedi, la fête de l'Annonciation ne dut être célébrée que le lendemain dimanche, et c'est cette célébration qui servit de point de départ au nouvel an. Un exemple du même fait se trouve dans la note de M. Moulenq : il cite un notaire de Montauban qui date un acte du 26 mars 1456 et l'acte suivant du 27 mars 1457 ; or en 1457, le 25 mars tombant un vendredi, l'Annonciation ne se célébra que le dimanche 27 ; le 26 fut donc le dernier jour de l'année (?).

Le style de l'Annonciation a été suivi à Lectoure jusqu'en 1564 ; les registres de la sénéchaussée d'Armagnac nous en fournissent la preuve pour les années 1543-1564. L'adoption du style du 1er janvier eut lieu le 23 janvier 1565, juste un an après la promulgation de l'édit de Charles IX. (Nous devons cette note à l'obligeance de M. Parfouru, archiviste du Gers.)

(1) La feuille est ici coupée d'un coup de ciseau.

RECORD DU 28 MARS 1486.

SOMMAIRE :

Garde de la ville. — Guet de nuit.
Noms des présents.
Conclu, que les portiers seront loués de nouveau jusqu'à la Saint-Jean. — Au sujet
du guet, il sera fait bonne garde.

Recort tengut per los senhos cosselhs de Lectora, sus la garda de la dita vila e perso que los portes aben servit; et parelhamen sus lo goeyt de la noeyt; lo cal forec tengut l'an mil iiiɪᶜ LXXXVI lo xxviii jorn de mars (1).

Mestre Pey de Bilheras, Guilhem Bazin, Mᵉ Berthomiu de Agiis, mestre Pey de Combis, Arpin Fogerat, Pey Canare, Johan de Montmaton, Anthoni de Soles, Ramon de Montession, Pey deù Luc, Martin de Forssans, Belotin Bacque, Bertran de Boquet, mestre Jacme Abansin, Guilhem de Peres, Guiraut Beral, Arᵗ Gᵐ de Belloc, Vidau deu Juau, Johan de Boquet, Johan de La Font, Bernat Thosin, Arnᵗ de Longas, Guilhem de Reyne, Bertran de Mauriet, Gᵐ de Bacque, tissene.

Forec opinat e conclusit per los susditz, que los portes sian affermatz autra beguada, d'aqui a Sant Johan, au melhor mercat que los senhors poyran aber.

Et sus lo feyt deu goeyt, que sia feyta bona garda e diligenssa sus dit goeyt.

RECORD DU 20 AVRIL 1486.

SOMMAIRE :

Des enfants ont parcouru la ville en portant un panonceau et criant *Vive Armagnac*;
quelques grands personnages ne leur tiendraient-ils pas la main ?
Noms des présents : chanoines, conseillers du Sénéchal, bonnes gens de la ville.
Conclu, qu'il sera fait informations au sujet des personnages qui auraient pu organiser

(1) Nouvel an. Voir la note 1 du record précédent.

la manifestation; elles pourront même servir au comte, mais elles seront tenues secrètes, de peur de s'aliéner les faveurs du Roi.

Il sera légèrement procédé contre les enfants, s'ils ont agi d'eux-mêmes.

XX aprilis.

Recort tengut per los senhors de cossos de la ciutat de Lectora, ab messenhos de canonges de la gleysa e los senhos de cosseliers de la cort de mossenhe senescal d'Armagnac e las bonas gens de la dita vila dejus nominatz, sus lo crit e asemblamen feyt per alguns petitz enfans que an cridat, per dus o tres bespres, per la vila, portant hun penoncel e dizen : Viva Armanhac; et sus la punhicion fazedora, si alguns grans personages los aben instiguatz e y tien la man.

Messenhos de canonges : nobles mossenhe Johan Bodet, mossenhe Bernat de Viemont, mosssenhe Bertrand de Rocalaura, mossenhe Maurin de Biran, mossenhe Sans Foassin, mossenhe J. de Massas, mossenhe G^m de Vouc, rector de Sant Sperit, mossenhe R. de Santo Paulo, mossenhe B^{at} Aziera, mossenhe Bandon, mossenhe R. de Bordas, mossenhe B^{at} Gauarret.

Mestre Dorde de Vaurs, noble Bertran de Màleon, Guilhem Bazin, Pey Cauare, Anthoni de Soles, Guilhem de Peres, Guiraut Faur, Manaut de Bilhera, P. de Corraut, Menyot Cauare, Pey Cauare, Johan de Monmaton, Me Berthomiu de Agiis, Me P. Hussonis, Me Jacme Abonsin, Me Pey de Bilheras, Me Guilhem Borde, Me George Lucas, Pey deu Luc, Bertran de Lestrada, Pey de Faulin, Arn^t Guilhem de Castera, P. de Bonafont, Vidau de Bordius, Johan des Calhaos, Johan de La Font, Johan de Capdevila, Johan Delier, Johan de Relhiis, Johan de La Crotz, Pey Costa, Sans de Lamberro, Guilhem Sarte, Bert. Thosin, Arn^t de Pelanca, Menyon de Montession, Johan de Campet, Vidalot Daulin, Johan Barascon, Sans de Puyos, Pey de La Sala, Bonshom de Molas, Vidau de Ricau, Johan de La Crotz Nogaro, Pey de Johan Lana, Guilhem Ribaudit, Arn^t de La Cautz, Bert. de Melhan, Nauton de Castera, Johan de Sant Johan, Bernardon deu Fau, Johan La Garda, Johan de Melu, Arn^t Dayraut, Bernat La Casa, Vidau des Bordius, Arn^t de Castera,

Manaut de Sant Johan, Bernat de Berlana, Oddet Boyssa, Johan Chiuale, Pey de Biues, Arn^t de Bordas, Johan de Bearn, Vidau de Rotis, Bernat de Sarramea, Vidot de Materon, Sans de Bacque, Arn^t Guilhem Meriten, Johan de Peres, Johan La Burguera, Johan de La Serra, pittoret, Ramon Delier, Johan de Serran, Johan de Grisolas, Domenges deu Juau, Johan de Sant Johan, Johan La Porta, Domenges de Labadia, Johan Darre, Nauton de Sobanhan, Arpin Danyas, Pey Renaut, Belotin Opes, R. de Montession, Johan de Garros, Domenges de Montosse, Pey Vernha, Johan Delier, Johan de Territ, Johan de Boquet, Bernat Delier, Vidau deu Juau, Johan de Relhiis, Bert. de Biues, G^m de Serras, Bernat Thosin, Vidau Despenan, Johan de Belloc, Arn^t de Sorbon, Steve Artos, Steve de Corrau, G^m de Fornes alias Bolant, Johan Desparros, Galhart de Sant Johan, Peyronet de Vila, Pey de Labadia, Anthoni Drulha, G^m de Genoes, Arn^t deus Pradetz, Belotin Bacque, Monet deu Forn.

Totz los perssonages sus scritz opinen e conclusin, que sus las causas dessus remostradas, sian feytas degudas informations ab tota diligenssa, e feyta deguda punhicio deus que se trobaran aber instigatz los ditz enfans a fe la dita congregation e crida, ainssi que lo cas requier e se trobera per punt de dret, per descargua de la vila e que per abentura mossenhe Conte (1) se bolera aydar de las ditas informations, per sa descargua e innossenssa; las cals informations sian gardadas secretamen, e que per lo present non sian publicadas, per que si vien a noticia deu Rey, be stremare lo

---

(1) Après les États tenus à Tours, au mois de janvier 1484, le roi Charles VIII avait rendu à Charles d'Armagnac, frère de Jean V, les comtés d'Armagnac, de Fezensac et de Rodez, ainsi que la vicomté de Fezensaguet; mais il ne lui en avait donné que le domaine utile, en réservant les droits régaliens. Quatorze ans de captivité ayant affaibli la santé du comte, le sire d'Albret avait obtenu du parlement de Toulouse l'administration de tous ses biens, lorsque, à la voix des États d'Armagnac, le roi le lui enleva le 31 mars 1486 et nomma pour curateurs Jean d'Albret, sire d'Orval, Géraud de Marestang et Philippe de Voisins, baron de Montaut. Plus tard, le 21 décembre 1493, Charles accepta un traité avec le roi de France, par lequel il consentait à ce que ses comtés, vicomtés et baronnies fussent réunis à la couronne. Copie authentique de ce traité était déposée aux archives de Lectoure, elle est mentionnée au rapport de M. de Métivier (*Doc. inédits* précités, t. III, p. 45). Cette pièce a aujourd'hui disparu. — Voir *Hist. de Gasc.*, t. v. — Quelques jours avant sa mort, Charles était revenu sur ce contrat et avait légué tous ses biens au duc d'Alençon, son neveu. Les domaines de la

bon vole que a enbers la vila; et si per aventura, los ditz enfans de lor propri mouemen an feyt lo dit crit e publica, que sia procedit legieramen e pres per innoscenssa.

RECORD DU 6 MAI 1486.

SOMMAIRE :

Présents à offrir à Madame d'Armagnac pour sa venue, et au Carme, fils de la *mère des Carmes*, pour sa messe nouvelle. — Lettres des officiers de Monseigneur d'Albret sur le fait des enfants qui avaient pris de la ramée au bois du Ramier. Noms des présents.

Conclu, qu'il sera offert, malgré la pauvreté de la ville, à Madame d'Armagnac, une barrique de vin blanc, une autre de rouge, 6 livres de torches, 24 livres d'avoine; au Carme, une torche et un écu. — Les consuls iront au Ramier.

VI maii.

Recort tengut per los senhos cosselhs, mestre Aymeric Jaquet, not., Gayssion Foassin, Bert. de Sercii e Johan de Sanssene, cosselhs de la presenta ciutat, ab de autras de las bonas gens de la bila, sus lo present fazedor a Madama de Armanhac (1) per sa benguda, et ainssi medis al Carme, filh de la mayre deus Carmes (2), per la missa nouela; et parelhament sus la resposta et letras missorias deus officies de mossenhe de Labrit (3), sus lo

---

maison d'Armagnac furent alors saisis au nom du roi, et Louis XII, quelques mois après son avènement à la couronne, nomma gouverneur de toutes les terres de la maison d'Armagnac, Huguet d'Amboise, seigneur d'Aubijoux, par lettres patentes du mois d'août 1498. Voir Vidimé du sénéchal d'Armagnac desdites lettres et de celles de nomination de noble homme Guiraut de Saint-Lanne à la lieutenance du pays de Rivière et à la capitainerie du château de Castelnau-de-Rivière (Arch. mun., série AA. 1498-1500).

(1) Charles, frère de Jean V, avait épousé Catherine de Foix, fille de Gaston, comte de Candalle, captal de Buch, et de Marguerite d'Albret.

(2) *La mayre deus Carmes?* On trouve aussi au terrier de 1491, quartier de Relhas, f° 116 recto (Arch. mun., série CC.) : « Heretes de Maria Dauzon, mayre dels *Frays Menos*, tenen una plassa d'ostal en lo dit carton... ». Le couvent des Frères Mineurs était dans ce même quartier.

(3) Monseigneur d'Albret. Les officiers de justice du comté de Gaure, dont Fleurance était la capitale.

feyt del bost de l'Arame (1), e car aben pres, lo jorn de la Assention, aiiguns enffans que eran anatz a la ramada.

Noble Bernat de Bassabat, mestre Guilhem Borde, Pey deu Luc, Anthoni de Soles, Pey Renaut, Guilhem de Reyne, Pey La Fargua, Domenges de La Badia, Anthoni Drulha, Bert. Thosin, Guilhem de Bazetz, perro, Steve Artos, P. de Bonafont, sarte, Bertran de Labric, Johan de Moras, Pey de Aulin, Pey de Maur, Gayssion Thora, mestre Berthomiu de Agiis, Bernat de Mestre, Pey Cauare, Guiraut Beral, mossenhe Juge mage, Me Pey de Bilheras, Menyot Cauare, Arn^t G^m de Belloc, Menyolon deu Fau, G^m Ayraut, Johan deu Luc, Pey de Faulin, Oddet deus Axs, Johan German, Pey de Seran, Pey Borget, Menyo deu Juau, Johan La Burguera, Arpin Fogerat, Arn^t de Sorbon, Bernat de Labat, Vidon de Las, Peyrot de Labadia, Miquel de Bearn, Bernat de Peyra.

Au regart deu present de Madama de Armanhac, que lo sia feyt lo melhor que hom posca, non obstant que la vila sia paubra, e lo sia donat de present una barriqua de vin blanc, e autra de roge, et vi liv. de torchas e xxiiii liv. de siuada; et au Carme, lo sia uffrit una torcha ab un scut; et que los senhos anen al Rame bisitar los limites.

RECORD DU 24 MAI 1486.

SOMMAIRE:

Présent à offrir au sénéchal pour sa venue suivant la coutume.
Noms des présents.
Conclu, qu'il lui sera offert 2 barriques de bon vin, 6 torches d'une livre, 20 livres d'avoine, 20 charges de foin.

XXIIII maii.

Recort tengut per los senhos cosselhs de Lectora, Gayssion Foassin, Bert. de Sercii e Johan de Sanssene, cosselhs, ab de autras de bonas gens de Lectora dejus scriutz, sus lo present que

---

(1) Forêt du Ramier ontre Lectoure et Fleurance, sur le territoire de la commune de Pauilhac.

la vila a de fe a mossenhe senescal nouelament trametut (1), per sa venguda, cum es acostumat fe.

Mᵉ Pey de Bilheras, Pey deu Luc, Johan d'Ayme, Arpin de Fogerat, Bertran de Mauriet, Gᵐ Dauid, Mᵗʳᵉ Berthomiu de Agiis, Mᵗʳᵉ Pey de Combis, Anthoni de Soles, Gᵐ de Peres, Arnᵗ Gᵐ de Berlana, Pey Cauare, Mᵉ Guilhem Borde, Mᵉ Jacme Venier, Johan de Montmaton, Belotin Opes, Bernat Peyra, Johan de Las Cane, Johan de Boquet, Bert. de Viues, Pey de La Badia, Johan de Nadossa, Vidon de Las, Guilhon Lana.

Totz los desus scritz opinen e conclusin deliberadamen, que lo fossan donadas de present, per que aya la vila per recomendada, duas barriquas de bon vin, vi torchas de sengles liuras, xx liv. de siuaza e xx cargas de fen.

RECORD DU 27 MAI 1486.

SOMMAIRE :

Ustensiles et autres choses à fournir au sénéchal moyennant paiement.

Noms des présents.

Conclu, que chacun fournira selon ses moyens; tous aideront à porter les fournitures; il ne faut pas qu'il soit mécontent de la ville.

XXVII maii.

Recort tengut per los senhos cosselhs, ab autres dejus scritz, sus las ustenciles e autras causas per rolle balhadas, que mossenhor senescal demanda que lo sia fornit, jusques se sia ordilhat, et so a son argent, cum a requerit.

Mᵗʳᵉ Pey de Bilheras, Mᵗʳᵉ Henric de Mauriet, Mᵗʳᵉ Jacme Abonsin, Mᵗʳᵉ Jacme Hondons, Mᵗʳᵉ Jacme Venierii, Authoni de Soles, Huguet de Moras, Vidau de Bordius, Manalet de Bilheras, Belotin Bacque, Pey de La Badia, Pey deu Luc, Pey Cauare, Bernat de Peyra, Ramon de Montesion, Bernat Thosin,

---

(1) Jean de Bosredon, seigneur et baron d'*Armano et de Ruppe*, sénéchal et gouverneur des terres d'Armagnac en deçà de la Garonne. Voir le record du 28 mai 1486 et lettres dudit sénéchal, 5 décembre 1486 (Arch. mun., série FF).

M^{tre} G^m Borde, not., M^{tre} Dorde de Vaurs, bachelier, M^{tre} Berthomiu de Agiis, not., M^{tre} Pey de Combis, not., G^m Dauid, Bert. de Mauriet, Johan d'Ayme, Steue de Laumet, Johan de Las Cane, Guiraut Beral, Vidau deu Juau, Arn^t G^m de Labat, Bertranon de Boquet, Johan de Las, Johanot de Monmaton, Arn^t G^m de Labat.

Totz los dessus opinen e conclusin, que sia pres de cascun qui ne aura rasonablamen, que totz ajuden portar lo feys e fornitura, e lo sia fornit rasonablamen, que non sia mal content de la vila.

RECORD DU 28 MAI 1486.

SOMMAIRE :

Serment à prêter au Roi. — La tour de Saint-Geny menace ruine. — Procès avec les moines de Condom au sujet des péages. — Vente de vin en ville. — Refus des chanoines de payer tailles et souquet.

Noms des présents.

Conclu, que le serment sera prêté ; la tour de Saint-Geny sera réparée ; le procès avec les moines de Condom sera poursuivi et il sera fait consultation ; l'affaire des chanoines sera réglée au mieux, et que ceux qui veulent mettre du vin en vente, payent.

Lo XXVIII jorn de maii.

Recort tengut per los senhos cosselhs de Lectora, ab los personages dejus scritz, sus los caps que s'en sieguen :

Prumeramen, sus lo sagramen que mossenhe senescal d'Armanhac, mossenhe Johan de Bost Redon, a demandat fe au Rey, per los cossos e habitans de Lectora ;

Et parelhamen, sus la reparation de la torn deu pont de Sant Genii (1), que mena ruyna e es perilhosa de cage ;

Item, sus lo pleyt deus monges de Sant Pe de Condom, sus lo peage que demandan aus habitans et autres priueleges ;

---

(1) Pont de Saint-Geny, sur le Gers, au sud de Lectoure. L'abbaye de Saint-Geny fut fondée par Guillaume Sanche, duc de Gascogne, vers l'année 980 (voir *Gallia Christ.*).

Item, sus lo feyt deus qui meten vin en la vila; que la costuma e usanssa antiqua de non y metre;

Item, sus lo feyt de mossenhos de canonges, tocan lo reffus que fen de non pagar talhas e soquet e autres articles a lor balhatz.

Mestre Pey de Bilheras, Steve de Laumet, Bernat de Peyra, Johan de La Crotz, Pey de La Plassa, Laurens Bunhet, Art. G^m de Labat, Menyot Colom, Duguet Lamarcha, Arn^t G^m de Genssac, Johan deu Casso, Guiraut Beral, Pey de Vila, Johan deu Lac, Steve deu Corrau, Johan Barlete, Anthoni Drulha, Peyron de Castera, Johan de Las, G^m Bazin, Johan La Fon, Guiraut de Sent Lana, Belotin Opes, Manaut de La Roqua, G^m de St Abit, Vidaus deus Bordius, Arn^t G^m Meriten, Johan Casala, Johan de Seran, Peyroton deu Casso, Bert. de Lestrada, P. de La Barta, Johan Ortolan, Brn^d Barba, G^m de Ricarda, G^m deus Miralhs, P. de Genssac, B^{nat} deu Forn, Bernat de Berlana, Pey de Garros, Bernat de Cane, Bernat La Casa, Johan deu Luc, G^m de Bolant, P. de Crotz balena, Johan de La Porta, Arn^t de La Porta, Menyon Carrera, Arn^t de Ricau, Martin de Loyde, Guiraut de La Badia, Bernat de Grisolas, Steve Tornayre, P. Carrera, Vidau La Casa, Ramon de Lier, Johan de Poyla-may, Johan de La Font, Arpin Danyas, Sans de Sarranta, M^{tre} P. de Combis, P. de Banchet, Manaut de Peyret, Pey de Faulin, Menyon de Montosse, Johan German, M^{tre} Berthomiu de Agiis, Johan Lana, Ramon de Vinhas, Bernat de Fontanhera, Johan Salere, Pey de Preyssac, Johan Chiuale, Guilhem de Bazetz, perro, Guilhem de Peres, Vidot de Materon, Arn^t de Thosin, Johan de La Serra, Bernat de Mestre, Pey deu Luc, Sans de Parage, Johan Darre, G^m de Genoes, Arn^t G^m de Tibaut, G^m des Calhauos, G^m Lucado, J. de Menvila, P. Daziera, P. de Bernha, Johan de Garros, Johan de Sarranta, Arn^d de Costau, J. de Relhis, P. de Cornoaut, Johan des Calhauos, Johan de Poy, Menyon Trenqua, Johan de Mostie, Ramon de Labat, G^m Lana, Galhart Messegue, P. de Grisolas, G^m de Bonafont, Bert. deu Prat, Johan de Bearn, Arn^t Trenqua, Johan de Molas, Sans de Puyos, Menyon de La Rauc, Bertran Thosin, Peyron de La Sala, Sans de Bacque, Manaut deu Luc, G^m La Casa, Steue

Artos, G^m de Poy, Verdot de Nagenta, Arn^t de Miraueut, Antoni
Marnera, Johan de Moras, Arn^t deu Trey, Ramon de Loe, Sans
dé Sarranta, Johan del Mas, Vidon de Puyos, Johan de Cotexs,
Arn^t de La Caixs, G^m de Puyos, Pey Renaut, Arn^t de Douat,
Anthoni del Bost.

Totz los susditz opinen e conclusin per deliberation de totz,
que lo sagramen sia feyt a Rey, ainssi que es de rason de gens
prudans.

Et sus lo feyt de la reparation de la torn, que se fassa; car
es de necessitat que sia reparada.

Sus lo feyt deu pleyt deu scindic de S^t Pe de Condom (1),
sia proseguit e sia inquerit cosselh ab sauis, e feyta bona prosecta
e diligenssa.

Sus lo feyt deus articles balhatz tocan lo feyt deus canonges
e capitol de Lectora, sia feyt au melhor que fe se poyra, a utilitat
de la vila, e convocatz certan nombre de la gen de ben de la
vila (2). Au regart de metre bin en la vila, que paguen los que
n'y voleran mete.

FRAGMENT DE RECORD (sans date) (3).

SOMMAIRE :

Noms des présents. — Nécessité de faire confirmer les privilèges.

Guilhem Bazin, Johan de Las, Bernat de Peyra, Steue de
Laumet, Domenges deu Fau, Johan deu Poy, Johan deu Casso,
Johan Brascon, Arn^t Dansas, G^m deu Jonca, Johan German,
Arn^t Salere, Johan de Ma..., Ramon de Vinhas, Ramon deu
Bari, Manaut de Peret, G^m Despugos, Peyron de Castera, Steue

(1) Voir plus bas au record du 21 août 1491 (note).
(2) Voir fragment de record sans date, page 157.
(3) Les deux fragments de record qui suivent sont évidemment de la fin
de l'année 1486 ou du commencement de l'année suivante. En effet, les
privilèges de Lectoure furent confirmés par le roi Charles VIII au mois de
décembre 1487 (Arch. mun., série AA), et l'accord avec les chanoines eut
lieu le 20 août de la même année (Arch. mun., série GG).

Artos, Pey Forcada, Domenges de Montesion, Vidau Deulin, Pey de Seran, Pey de Lartigau, G^m Dauid, Pey deu Luc, Johan de Fis, Pey Carrera, Johan de St Avit, Pey de Preyssac, Johan de Relhis, Bertran de Labat, Arn^t Deyraut, Pey de Bordius, Pey de Gensac, Arn^t Tosin, Bernat Dargelos, Johan Darre, Johan de Luc, Vidau de Sarranta, Arn^t deu Trey, Johan de Bilheras, Steue Corrau, Bernat de La Roca, Bidon de Pugos, Arn^t Trenca, Pey Torno, Anthoni Delbos, Me Bertholmiu de Agis, Bertran de Castera, Pey Cauare, G^m de Vinhas, Bernat de Mestre, Arn^t G^m de Meritens, Johan de Maidis, Galhart Messegue, Sanson de Baque, Forton de Picat, Johan de La Crotz, Gaycion Mauriet, Bernat de Labat, Arn^t G^m de Labat, G^m de Las, Vidau deu Bordius, Vidau de Ricau, Bernat Dalier, Johan Coa, Arpin de Montesion, Bertran de Belloc, Forton deu Cos, Boshoms de Ricau, Johan Lagarda, Vidau de Grisolas, Pey de Faulin, mossenhe de Pordeac, Bernat de Gorde, Sans de Sarranta, G^m de Vielhas Casas, Anthoni des Soles, Johan de Monmoton, Auge de La Cassanha, Domenges Colom, G^m de Sonas, Vidau deu Basco, Arn^t G^m de Tibaut, Sanx de Parage, Pey de Montaut, Pey de Sarranta, Johan de Vinhas, Johan de Garros, Johan deu Mas, Sanson de Lamberro, Johan de Gayciadoat, Johan La Brugera, Sans de Pugos, Arn^t de Malho, G^m de Peres, Gran Johan de Laforga, Vidau de La Bernesa, Arn^t des Pradetz, Pey de Bearn, Johan des Peyros, G^m Arn^t deus Ax, Arn^t de Douat, Sans de La Casa, Pey deu Casso, Vidau de Melhan, Johan deus Calhaos, Manaut de Lasmas, Fortane de Berlana, Johan de Seras, Geraut Beralh, G^m de Ferranhan (1), Sanson La Gorga, Bertran de Lestrada, Johan Rossel, Pey de Cornaut, Ramon Dalier, Manaut de Colom, G^m Carrera, Pey de Bonafon, Me Pey de Bilheras, Johan de Garros, Arpin Dangas, Bernat de Berlana, G^m de Basetz, Domenges deu Joau, Ramon de Boe, Mengolet Sarriac, Vidau de Vinhas, G^m Vaque, Ramon Socaret, Arn^t Socaret, Pey Arnal, Me George Lucas, Bernat de Mares, Pey de

---

(1) Sans doute pour G^m de *Foranhan.* Nous transcrivons fidèlement les noms tels qu'ils se trouvent écrits au registre, mais il est évident que certains sont dénaturés. Ce fragment de record paraît du reste n'être que le brouillon de la délibération.

Mangomery, G^m deus Miralhs, Bidau de La Casa; Mengot Gasede, Pey de Peyroni, Bertran de Mauriet, Ramon de Montesion, Arn^t de Lortau, Belotin Vaque, G^m Cordas, Johan de Labadia, Anthoni Maruho, Ramon de Samatan, Bertran de Mares, Johan Clauaria, Johan Laporta, Pey Delia, Johan Despitau, Johan de Langles, Arn^t de Fortet, Arn^t G^m de Berlana, Vidau deu Regne, G^m Lana, mossenhe G^m de Vitrac, Anthoni de Ricau, Geraut Fau, Manaut de La Roca, Johan Chivalie, Johan deu Poy, Pey de Castera.

Item, cum es causa necessaria de confirmar los privileges, cum es de costuma a cada ung mandamen deu Rey, et cum los privileges de la ciutat presenta, a la vita deu Rey present, no sian statz confermatz, an remustrat que cascun diga son oppinion...

Fragment de Record (sans date).

Lo prume cap que los senhos conselhs an remustrat a la comuna, es coma los senhors de canonges se volen deffensa de paga talhas, soquet e autras impositios ordenarias, et coma los ditz senhors canonges an feyt dize aus ditz senhors conselhs, que etz eran contentz de metre aquesta causa en apuntamen e a dit de gen de ben;

Item lo segon cap que los dits senhors an demostrat, que cum en la presenta ciutat sia de costuma de layssa la part de la denna

sus la terra, los senhors canonges los an feyt dise, que si era
de bon plase de la communa que la dita denna fussa portada
per los sengulars habitans au capito, que etz pagarian las porta-
duras, distinguen los terrados, a dit de gen de ben.

Item lo ters cap, cum mossenhe de Leytora, que Dieu perdon,
au temps que vive, agossa prestat la soma de IIII XX scutz, la
cal soma es deguda a capito, e la demandan a lor estre pagada,
cum succedens deu dit senhor.

Vitrac es de oppinion ...que...

Conclus per la maior part deus dits habitans, que los senhors
conselhs, que de totz los caps am los ditz canonges pactisen et
acorden am gen de ben (1);

Item lo quart cap, cum los Carmes bastissen una mayson sus
las muralhas, an suplicat que plagossa aus ditz senhors que los
plagos de demostra a la communa, que per caritat de Dieu, lor
fussa donat teule per cubrir la dita mayson;

Item lo quint cap, cum es necessari de basti las muralhas e
de las repara, an remostrat si las baylara[n] als peyres de la
vila, ansi cum es stat l'an passat.

RECORDS DE 1491-1492.

(Arch. mun., BB. 1.)

RECORD DU... 1491.

SOMMAIRE :

Noms des jurats de la ville élus par les consuls.
Anciennement, les consuls avec treize personnes pouvaient traiter toutes les
affaires de la ville, maintenant ils ont élu six conseillers par quartier pour les
expédier, donner conseil et tenir au besoin le secret des délibérations. Serment
prêté sur les saints Évangiles.
Recours au Parlement contre le sénéchal, au sujet de l'élection consulaire; contre le
juge mage pour un ajournement personnel.
Conclu, que l'on doit poursuivre.

---

(1) Voir plus haut, page 110, le syndicat du 20 août 1487 et la note qui
résume la transaction à cette date entre l'évêque, les chanoines et les consuls
et syndic de Lectoure.

Mᵉ Pey de Bilhères, adjoint pour le Roi, ne doit connaître que des affaires crimi-
nelles. Acquiescement de Pey de Bilhères.

L'arrentement du maset et du souquet pour le vin doit-il être fait comme autrefois
à la Saint-Jean et à la chandelle, ou adjugé au prix offert?

Conclu, qu'il sera fait enchères publiques.

. . . .

. . . . (1).

Lo senhe Arpin Fogerat elegit del carton de Cornaut:

Pey deu Luc, Pey Renal, Guiraut Brunet, Johan de Fis, Johan
de Percin, Johan de Tarit.

Lo senhe Bertran d'Abeda elegit del carton de Fontelha:

Mᵉ Pey de Bilheras, Mᵉ Aymeric Jaquet, Mᵉ Bertran Mathey,
Mᵉ Gorgi Lucas, Forton deu Cos, Guiraut Faur dit Melhanda.

Lo senhe Johan de La Crotz elegit del carton de Relhas (2):

Lo noble Bernat de Bassabat senhor de Pordeac, Guiraut Beral,
Bernat de Lier, Vidal Dorganh, Arnᵗ Guilhem de Belloc, Johan
de Bouc.

Als quals desus nominatz presens e per los ditz messenhors
cossos elegitz, fu remostrat, cum en lo temps antic en la ciutat de
Lectora, los cossos, am trese personagges, poden remostra e apunta
dels negocis de la vila (3), et neomens etz eran sieys cossos, e ung
cascun de etz abe lo dit jorn elegit sieys personages desus nominatz
per los aconselha, e que fussan presens en la expedition e profieyt
de la causa publica, los quals requireren que sostenguessen la
causa publica de la vila e los habitans d'aquela, e que lor donessan

(1) Le commencement de ce record manque, mais il ne peut y avoir aucun
doute sur sa date, les délibérations, toutes de la même écriture, se suivent dans
le livre, et au milieu du feuillet 12 v° commence l'année 1492 au 28 mars.
D'ailleurs nous retrouvons les noms des mêmes consuls en tête du livre terrier de
1491 (le premier fait après la démolition de la ville), à savoir: Mossenhes
Guilhem de Bitrac, licenciat, Jacques Ahondonis, Steue de Laumet, Arpin
Fogerat, Bertran d'Abeda, Johan de La Crotz, coss. (1491-1492).

(2) Les quartiers de la ville étaient: Corhaut, Marès, Relhas, Constantin,
Guilhem-Bertrand, Fontelye. Voir d'ailleurs à ce sujet l'art. 36 de la coutume et
la note ci-dessus, page 39.

(3) Voir règlement sur les élections consulaires (22 juin 1343), notamment
les art. 4 et 7 et les notes. Nouveaux statuts des 19 avril et 5 juin 1506
(1ʳᵉ partie).

bon conseilh, e quant serian requiritz tengossan los conselhs segretz, e que juressan de tener e observa so dessus; e aqui metis totz los desus nominatz, l'un apres l'autre, juret sus quatre sans evangelis, de tenir e observar la dita demonstransa e lo contengut d'aquela. E aqui metis prestat lo dit sagramen, fu remostrat per los ditz cossos, comen lo jorn de la election eran statz impeditz per mossenhe lo senescal e sos officies, de que eran apelans en parlamen; e ayssi metis eran apelans de certan adiornamen personal, feyt per lo jugge mage d'Armanhac; per vese si persiguiran las ditas appellations. Fu conclus per la oppinion de totz, que oc; e que la vila no se layssessa point tant subpedita e perdre sos previleges.

Item fu demostrat comen mestre Pey de Bilheras, present, era adiunct per lo Rey (1), et non abe deguna conoyssensa en la vila, sino en las causas criminalas; mes per tant que abe agut, coma habitant de la vila, beucop de cargas et de preheminensas, protesten a l'encontra de et, que coma adiunct no lo entendian poinct admetre, sino en las causas criminalas. E aqui metis, lo dit mestre Pey de Bilheras, adiunct, respondoc que et, coma adiunct per lo Rey en la ciutat de Lectora, no entende poinct de si meyla en deguna sorta, sino de las causas criminalas. E feyta la dita resposta, fu remostrat, cum totz los ans a San Johan, entre los autres emolumens de la vila e los melhors eran lo maset e lo soquet deu vin, los quals si arrendaban a la candela cascun an, e l'an present aben trobat del maset, enclusa la bocharia e la leuda mage, dus cents e detz scutz, per vese si la deben layssar al pretz, ho la bota a la candela.

Fu conclus, que lo dit arrendamen del maset, enclusa la bocharia e la leuda mage, botessan a la candela, e fussa liourada al plus offren e que abisessan que la vila fus ben servida, e ayssi metis fessan del soquet deu vin que fussa liourat al plus ofren.

(1) Adjoint ou assesseur des consuls pour la justice, nommé par le Roi.

RECORD DU 18 JUILLET 1491.

SOMMAIRE :

Noms des présents.

Le Roi a besoin de ses sujets, et le Saint-Père lui a donné pour cette année le dixième des bénéfices dans le royaume ; de plus il fait un emprunt. Les commissaires royaux qui sont à Agen doivent arriver demain ou mercredi. Monseigneur de Lectoure leur a envoyé son neveu pour leur remontrer la pauvreté de la ville. Ils amènent près de 35 chevaux. Faut-il les loger, payer leurs dépenses, aller à leur rencontre ? Comment faut-il les recevoir ?

Conclu, que la ville doit traiter au mieux ceux qui viennent pour le service du Roi.

— Pour l'emprunt, il faut s'en remettre à Monseigneur de Lectoure ; le prier d'avancer la somme qui lui sera au plus tôt remboursée par la ville.

———

Mossenhe de Pordeac, Mᵉ Pey Bilheras, Pey deu Luc, Johan Delas, Pey Vernha, Johan de Lafon, Johan de Tarrit, Manaut de Bilheras, Johan de Bouco, Ramon de Montesion, Mᵉ Bertran Mathey, Mᵉ Gorgii Lucas, Bernat Peyra, Guiraut Beral, Gayssion Foassin, Arnᵗ Guilhem de Betloc, Bertran Coma, Mᵉ Guilhem Borderii, Vidau Despenan, Guiraut Faur, Johan de Fis, Pey Renaut, Johan de Persin, Bernat de Labat, Jonot de Monmoton, Bertran de Sarci, Bernat Delier, Mᵉ Jacques Benierii, Forton deu Cos.

L'an que desus e lo XVIIIᵉ jorn deu mes de julh, fu remonstrat per messenhors de cossos de la ciutat de Lectora, als personages e juratz desus scritz e congregatz en la mayson comunal de Lectora, per tenir recort, las causas que s'en seguen.

Et primo, fu remonstrat per los ditz messenhors de cossos, que comme lo Rey nostre suveran senhor, per lo ben e utilitat de son realme, abe besonh de sos subgetz, a causa de que lo Payre Sanct l'y abe donat per aquest an la decima deus benefficis de son realme ; et d'autra part, que lo Rey faze empront (1) per tot son

———

(1) Les consuls avaient, quelque temps auparavant, reçu une lettre du Roi à ce sujet ; elle est du 30 mars 1490, avant Pâques, et datée de Nantes, que le sire d'Albret venait de lui livrer. Le Roi, après avoir parlé des dépenses considérables qu'entraînaient les guerres et les divisions dans le royaume ; des entreprises récentes sur la Rocheguyon, Saint-Malo, la Rochelle, Harfleur, Bayonne, Aire,

realme sus los particulars; e los comissaris per leuar la decima
e lo dit empront eran Agen e venian a Lectora, als quals
mossenhe de Lectora abe trametut son nebot per lor demostra la
paubretat de la vila; e los ditz commissaris deben venir deman ho
dimecres, e no entendian point de parti de Lectora que no agossan
agut calquz adiutoris; delsquals comissaris ne hi abe tres principals,
e amenaban ben XXXV chiuals; demandan conseilh los ditz
messenhors de cossos aus susditz juratz, si la vila los debe alogga,
ho no; he si lor deben paga la despensa que feran, ho no; he si la
vila lor debe ana a l'endauant de la intrada, ho no; he si lor deben
re donar, ho no; e en cal maniera deben aber envers etz.

Fu conclus per la opinion de totz, ho maior partida e plus sana,
que atendut que etz venen per lo Rey, que la vila los tractessa al
melior que poscossa, e lor fussan donadas tres barricas de bon vin,
una de roge, una autra de blanc e una de cla, quatre motos, ung
betet de leyt, e poletz, colomatz e aucatz, ayssi que ne poyrian
troba, doze sacs de siuaza; e tant que tocaba lo empront, que fussa
remetut de tot en tot a monssenhor de Lectora, lo cal faria ben
son degut per la vila enbers los ditz comissaris, e per abentura el
furnira l'argen deu dit enpronct, e apres que la vila lo l'y retornessa
al plus breu que poyria.

Béthune, etc.; de la soumission de la ville de Nantes, qui « s'est sans aucune
« effusion de sang réduite et mise en son obéissance », poursuivait ainsi :

« ... A ceste cause et pour nostre très grant et urgent affaire qui, comme dit
« est, touche le bien de nous et de toute la chose publicque de nostre royaume,
« vous prions et neantmoins mandons que nous prestés la somme de quatre
« cens escus d'or, et icelle somme baillés et délivrés à nostre amé et féal
« conseiller et receveur general de nos finances Jehan Briçonnet ou ses commis,
« qui vous en baillera descharge, pour en estre remboursé et payé sur la valeur
« de nos finances de l'année prochaine... »

                    Signé : CHARLES. — *Et plus bas :* ROBINEAU.

(Champollion-Figeac, *Documents inédits,* etc., t. III, p. 512. Lettres commu-
niquées par M. de Métivier).

RECORD DU 21 AOUT 1491.

———

M^{tre} Pey de Bilheras, Bertran de Sarsi, Anthoni Bosc, G^m Vielhas casas, Vidau Dorgan, Bernat Peyra, Pey Borget, Arn^t de Lacau, Johan de Menbiela, Pey d'Aulin, Pey de Seran, Johan de Pausade, Domenges deu Fau, M^{tre} Gorgii Lucas, M^{tre} Gabriel Michaelis, M^{tre} Bertran Mathey, Johan de La Font, Bernat de Labat, Ramon de Lier, Pey Labarta, Guiron de Poy, Johan de Sant Abit, Johan Darre, Arn^t de Batcarrera, Arn^t G^m de Berlana, Johan Roggie, Johan de Poy, Johan La Porta, Mossenhe de Pordeac, Johan Opes, Pey Renal, Gayssion Foassin, Jacme Laurens, G^m Ribaudit, Arn^t Vila, Arpin Pascau, Johan Artos, Arn^t La Garda, Fortane de Berlana, Arn^t Dorles, M^{tre} Aymeric Jaqueti, Bertran de Lacoma, Stene Corrau, Belengon de Bulac, Domenges de Montesion, Johan d'Ortolan, Vidau deu Fau, Anthoni Vernha, G^m de Peres, Vidau deu Basco, Berdot deu Prat, Johan de Garros, Gabriel Vesina, Marsau Forados, G^m Torrelha, Arn^t G^m de Meritens, G^m deu Luc, Maurin Lana, Bertran de Mares, Johan de Berens, Johan de Persin, Roggie Scude, Forguet Laureta, G^m d'Agenoes, Manaut de Bilheras, Johan de San Johan, Vidau La Casa, Pey de Castera, G^m de Berlana, Johan Coa, G^m La Casa, Domenges de Labadia, G^m Topie, G^m de Foranhan, G^m Ramon deu Buc, Ramon de Lartigua, Johan deus Mirails, Vidau Despenan, Pey de Bila,

Johan de Bouco, M^{tre} Jacques Abonsin, Pey de Faulin, Johan de Balifant, Manaut Filho, Pey de Tarrit, Bernat de Fontanhera, M^{tre} Henric Mauriet, M^{tre} Dorde de Vaurs, Pey de Gensac, Johan de Peres, Jonot de Boquet, Johan de Campet, Pey Codre, Pey de Montaut, Sans de Messegue, Arn^t de Sarramea, Anthoni de Soles, Guilhem David, Pey Lagarda, Gaytion de Mauriet, Johan La Garda, Pey deu Luc, Anthoni deu Barri, Johan de Monmoton, Manaut de Peyret, Johan Salere, Arn^t des Pradetz, Arn^t deu Ginent, Bernat Corda, Pey de Gulha, Fortane de Berlana, Johan de Lascumbas.

L'an que desus et lo xxi^e jorn deu mes d'aost, fu remostrat per messenhors de cossos, tenens recort en la mayso de la ciutat de Lectora, als personages desus nominatz, aqui congregatz per tenir recort, los caps que s'en seguen.

Et primo lor fu prohibit e inhibit, als susditz personages, per vertut del sagramen que aben a la vila, que no agossan a reuela los segretz del recort, los quals respondon que aquo era causa rasonabla e que lo desalera (1) que fussa ben punit.

La cal causa finida, fu remostrat e dit, cum apere per lo recort darner tengut, que tant que tocaua lo empront deu Rey, era estat remetut a mossenhor de Lectora de tot en tot, lo cal abe apuntat am los commessaris, que la vila era quita del dit empront per cent lioras tornesas, las cals mossenhor de Lectora metis abe prestadas a la vila, e los comessaris las aben recebudas; e que era causa expedienta que lo dit mossenhor de Lectora fussa restituit deu dit argen, e que la vila lo recompensessa per so que l'y abe feyt plase; demandans conseilh commen torneran las ditas cent lioras, ny don. Et sur lo cal punh, fu conclus per la opinion de totz, que mossenhor de Lectora fussa contentat en una sorta, ho cum autra, attendut lo plase que abe feyt a la vila e que faze tot jorn, e que fussa autregada (2) als ditz messenhors de cossos per paga los ditz cent francs et autres subsidis; la cal talha los desus nominatz autreguon.

Item fu remonstrat per los ditz messenhors de cossos, cum

(1) *Que lo desalera*, qui le décèlera.
(2) [una talha].

lors pre[de]cessors darres lor aben leyssat tres ho quatre pleytz ; prumeyramen en parlamen de Tholosa cum los habitans de Paolhac .(1); secundamen en parlamen de Bordeaulx cum los monges de Condom (2); tersamen sober la election del cossolat; quartamen a causa que la vila no abe volut balha la artilheria a monsenhor lo senescal d'Armanhac per portar a Ayra; per vese cum s'en deben gouerna. Fu conclus per la oppinion de totz, que la vila proseguissa los ditz proces ; e sober tot, tant que tocaba la election dels cossos de Lectora e la artilharia, que hi trebalhessan ab tota diligensa.

RECORD DU 15 SEPTEMBRE 1491.

SOMMAIRE :

Noms des présents.

Un révérend maître en théologie, de l'ordre des Carmes, a prêché pendant trois semaines en ville. Les habitants en ont été bien contents.

Conclu, que la ville doit lui donner deux écus, comptant par écu cent dix liards.

Mossenhe de Pordeac, Mᵉ Johan Job, Mᵉ Pey de Bilheras, Mᶜ Dorde de Vaurs, Mᵉ Jaques Benierii, Mᵉ Augustin Gaudurel, Bertran de La Coma, Gaytion Foassin, Johan de Moumoton, Bertran de Sarsi, Gabriel Vesina, Bernat Peyra, Johan de Las.

---

(1) Voir le record du 24 octobre suivant.

(2) Procès au sujet de l'exemption des péages pour les marchandises dans tout le royaume, privilège dont jouissaient les habitants de Lectoure. Le différend était survenu sur les plaintes soulevées par les chanoines et chapitre de Condom contre certains marchands de Lectoure : Gabriel Vesina, Johan de Montmoton, Pierre Vernié et Bernard Bateyrat. Le syndic de Lectoure avait obtenu des lettres de chancellerie de Toulouse, le 31 mars 1489, ajournement au nom du sénéchal d'Agenais et Gascogne, Robert de Balzac, devant la Cour présidiale d'Agenais, le 18 avril 1490, et enfin des lettres de chancellerie de Bordeaux, le 22 et le 25 mai 1490. La solution ne pouvait qu'être favorable. Le 12 février 1487, le droit des habitants de Lectoure avait été reconnu par sentence de la sénéchaussée de Toulouse au nom du sénéchal Gaston du Lion, seigneur de Besaudun, baron de Barthe, Aure, Magnoac et Barousse, seigneur de l'Isle. Brun, juge mage (Arch. mun., séries AA et FF).

L'an que desüs e lo xvme jorn deu mes de seteme, fu remostrat per los senhors cossos de Lectora als personages desus nominatz, cum ung mestre reveren, mestre en t[e]ologia, de l'orde deus Carmes, abe predicat en la vila per lo spasi de tres senmanas, si la vila l'y debe ren dona, ho no, attendut los sermos que abe feytz, que abe ben predicat, he honestamen, talamen que los habitans ne eran ben contenps. Fu conclus, per la oppinion de totz, que la vila luy donessa dus scutz, contan per scut cent e detz arditz, a causa deus ditz sermos, en lo pregan que volgossa abe per perdonada la vila.

RECORD DU 24 OCTOBRE 1491.

SOMMAIRE:

Noms des présents.

Deux enfants de Lectoure ont été arrêtés en la juridiction par les officiers de la jugerie de Gaure. Ceux-ci ont fait savoir qu'ils fuyaient du bois du Ramier.

Conclu, que s'ils fuyaient du Ramier, il faut les laisser châtier un peu. Les parents seront prévenus. La ville est toujours troublée à cause dudit bois. Néanmoins il ne faut pas compromettre les droits de juridiction.

Flotte, procureur au Parlement, demande s'il faut suivre le procès contre ceux de Fleurance. — *Conclu*, qu'il faut consulter; attendre que ceux de Pauilhac attaquent de nouveau; mais s'ils sont trouvés, ainsi que ceux de Fleurance, gardant leurs bestiaux en la juridiction, que les gardiens soient pris.

La tuilerie du Gajan sera arrentée au plus offrant. Les consuls donneront aux couvents la quantité de tuiles qu'ils jugeront convenable.

Un chanoine de la Romieu, nommé Lannelongue, réclame à la ville deux écus de rente. — *Conclu*, qu'on examinera les titres et qu'on poursuivra l'affaire en justice.

Mossenhe de Pordeac, M° Pey de Bilheras, Bertran de La Coma, Pey deu Luc, Jonot de Monmoton, Guilhem de Peres, Bernat de Labat, Gaytion Foassin, Anthoni de Soles, Johan de Persin, Johan de Lafont, Johan de Bouc, Forton deu Cos, Guilhem de Pujos, Guiraut Beral, Johan de Fis, Arn^t G^m de Belloc, Pierre Come, Guiraut Faur, Manaut de Bilheras, Johan Delas, Berdot de Lubet, Pey de Bearn, Pey Borget, Vidau Dorgan.

Lo xxiiiime jorn d'octobre l'an que desus, furen remostratz per los messenhors de cossos als personages desus nominatz, congregatz en la mayso communai de Lectora per tenir recort, los caps que s'en seguen :

Et primo, fu remostrat cum lo percuray deu Rey e los autres officies de la Juggaria de Gaura, abens en garda lo bosc de l'Arame, aben pres los filhs de Forton deu Cos e B. de Bearn, habitans de Lectora, perso que los aben trobatz que eran fugitz del bosc de l'Arame, en la juridiction de Lectora, en la cal eran statz pres e menatz a Florensa, e aras detengutz en carces; als quals officies, els plusors de begadas, aben scrit que lor plagossa de reintegra la juridition de la vila, e etz aben rescrit una letra, la cal en la audiensa de totz fu legida, fazen mention cum etz aben pres los ditz filhs perso que los troben en lo bosc de l'Arame e fugen en la juridiction de Lectora; per vese que ne deben besonha. Fu conclus que, atendut que los ditz enfans eran statz trobatz en lo bosc de l'Arame e que los officies los aben pres en la juridiction de Lectora coma fugens, que fura ben feyt que los layssessan castigar ung petit, atendut que totz los jors la vila era en brulis a causa deu dit bosc, e que los pays deus ditz enfans hi trebalhessan, e que los ditz cossos lor scrissessan; que sober tot no volgossan point trenca en deuan (?) la juridiction de la vila.

Item, fu remostrat cum Flote, percuray de la vila en parlamen de Tholosa, lor abe scrit, cum los de Florensa aben produisit a l'encontra de la vila dus instrumens, los quals eran vengutz en la man de Seguran (1) e apres en las mas deu dit percuray; demandans si la vila debe prosegui lo dit proces, ho no. Fu conclus, que los ditz instrumens fussan vis e consultatz per la vila, e si los de Paolhac no tiraban en aban, que atapauc la vila; mes pertant que si s'i trobauan los de Paolhac o de Florensa gardans lor bestia en las pertenensas de Lectora, que los qui gardaran lo dit bestia fussan pres (2).

Item, fu remostrat, cum el temps passat, los cossos de Lectora aben arrendat la teularia del bosc deu Gajan, an aquels que la

(1) Ou d'Escguran, Escuraing.
(2) Ce procès ne prit fin qu'en 1527. Un arrêt du Parlement de Toulouse, du 8 avril 1527, alloua définitivement au syndic de Lectoure la jouissance de certain terroir étant entre Pauilhac, Fleurance et Lectoure, et commit pour en exercer la justice le juge de Verdun (Arch. mun., série FF).

tenon, am lo fious de cinq cens teules pagadors cascun an a la vila,
e calcun ne vole dona totz los ans sieys mila e sertana causa de
intradas; per veze si la vila debe prene la maior quantitat deus
teules, ho la layssa an aquet que la tene mantenen, perso que la
vila era decebuda. E d'autra part, que los Frays Menos aben
demandat als ditz messenhors, que lor plagossa de lor dona alcuna
quantitat de teule per capelar la claustra. Fu conclus, que la vila
prengossa de la dita theularia la maior quantitat de teule que
troberan e que donessan aus conbens, ayssi que lor seria abis.

Item, fu remonstrat cum ung apelat Lanalonga, canonge de la
Romieu, demandaba a la vila xx scutz a causa de crompa de duas
taulas del maset de Leytora, so es dus scutz de renda per an a
causa de la dita crompa, e dize que a paga los ditz dus scutz de
renda la vila era obligada, ayssi que apere per instrument; per
veze si la vila debe paga lo dit argen ayssi que lo dit Lanalonga
demandaba, ho no. Fu conclus, que lo dit instrument fussa visitat,
ensemps ab la nota d'aquet, e que fussa allegada prescription e
que fussa procedit per justissa, en allegan solutions.

RECORD DU 12 DÉCEMBRE 1491.

SOMMAIRE :

Monseigneur le sénéchal d'Armagnac est resté quelque temps absent de la ville;
   il peut lui faire beaucoup de bien, étant auprès du Roi. Faut-il lui faire un
   cadeau pour la fête de Noël comme les années passées?
Conclu, que plein pouvoir est donné aux consuls.
Noms des présents.

L'an que desus et lo xii jorn de dezembre, fu remostrat per
messenhors de cossos de Lectora, als personages dejus scriutz,
tenens recort et amassatz al comandamen deus ditz messenhors
de cossos, cum monsenhe lo senescal d'Armanhac, lo cal era
presiden de la proensa, abe demorat sertan temps defora la vila,
lo cal pode fe beucop de ben et seruicy a la vila en tot et per
tot, perso que era anat en bers lo Rey et era personagge prohos;
per vese si l'y deben re dona, per la festa de Nadau, ayssi que

los cossos passatz aben feyt et acoustumat, atendut so desus specificat; et sus aquo demandan conselh los dits messenhors de cossos. Sur lo cal punh, fu conclus per la maior e plus sana opinion deus dejus nominatz, que los dits messenhors de cossos l'y donessan per la susdita festa alcun presen, cum era vin, fen et siuasa, ayssi que aus ditz cossos seria avis ; sur la cal causa lor donen poder, atendut so desus :

Mossenhe de Pordeac, M^{tre} Pey de Bilheras, M^{tre} Georgi Lucas, M^{tre} Dorde de Vaurs, Jonot de Las, Pey La Porta, Jonot de Montmoton, Guilhem de Peres, Johan de Garros, Anthoni de Soles, Pey deu Luc, Johan de Persin, Pey Cauare, Bertran de La Coma, Gaytion Foassin, Pey Renal, Manaut de Bilheras.

RECORD DU 9 FÉVRIER 1491 (1492).

SOMMAIRE :

Noms des présents à l'assemblée générale.

Un commissaire envoyé par le Roi demande à Lectoure secours d'hommes et de l'artillerie contre la ville de Fleurance, qui refuse obéissance à monseigneur d'Albret.

Conclu, que si des gens de Lectoure veulent aller lui prêter main-forte on ne doit pas les en empêcher; mais l'artillerie de la ville est peu considérable ; on ne peut la prêter sans inconvénient.

M. le sénéchal veut envoyer à Fleurance monseigneur l'official et le chanoine Castillon avec d'autres personnages pour essayer de mettre la paix. Si le siège devant Fleurance dure longtemps, le pays tout à l'entour en souffrira beaucoup.

Conclu, que rien n'empêche et que la paix serait un grand bien pour le pays.

Il faut faire bon guet et bonne garde à cause des gens d'armes que le siège a attirés ; tout défaillant sera puni.

Lo noble Bernat de Bassabat, senhor de Pordeac.

M^{tre} Henric de Mauriet, Bertran Coma, M^{tre} Pey de Fraxino, M^{tre} Gorgi Lucas, Johan de Malus, Guiraut Beral, Bernat Delier, Johan Coa, G^m de Ricarda, Arn^t Dayraut, Bertran de Sarci, Bertran de Melhan, Johan de Fis, Bernat de Labat, Johan de Melu, Ramon de Labadia, Johan Salere, Guilhem Sartre, Guilhem de Berlana, Berdot de Lubet, Johan de Monset, Guiraut Topie,

Vidau deu Joau, Ramon Vinhas, Pey deu Trey, Peý de Maur, Guilhem Vinhas, Pey de La Plassa, Guilhem de Peres, Johan Carrera, Johan deu Poy, Bernat de Lestrada, Johan Corregas, G^m deu Mengas, Johan de Monestes, G^m Fornes, Huget Dayraut, Johan Casala, Manaut de Las Mas, Bernat Pioncela, Gaytion Foassin, Johan de Vila, M^{tre} Jaques Abonsiti, Marti de Forsans, Migueu Lacarri, G^m Lacasa, Huget de Moras, Forton deu Cos, Ramon Delier, Pierre Coue, Marsal Pradas, Manaut de Batcarrera, Arn^t de Lacau, G^m Ribaudit, G^m deu Junca, Arn^t de Souanhan, Anthoni deu Bosc, Johan Despitau, Manaut de Lagues, Pey deu Luc, Manaut de Bilheras, Arnaut Longas, Johan Delas, Arn^t G^m de Belloc, M^{tre} Dorde de Vaurs, Pey de Tarrit, Ramou de Montession, Pey Renal, Johan Lagarda.

De feure lo nouesme jorn l'an que desus, fu remostrat per messenhors de cossos de Lectora, tenens recort en la mayson comunal de Lectora, aqui congregatz per los negocis de la vila, als personages desus nominatz aqui congregatz a son de trompa, de mandament deus ditz messenhors de cossos, las causas que s'en seguen.

Prumieyramen, fu remostrat per los ditz messenhors de cossos als susditz personagges, comen lo commessari trametut per lo Rey en fauor de mossenhe de Labrit a l'encontra de la vila de Florensa (1), abe mandat als ditz cossos per letra missiva, la cal aqui metis fu legida, fazen mention que si la vila de Florensa

---

(1) Fleurance, bastide de la fin du XIIIe siècle, cédée avec le comté de Gaure au roi d'Angleterre, en 1287, possédée pendant quelque temps par Jean Ier, comte d'Armagnac, et reprise par les Anglais après le traité de Brétigny, en 1360, avait fait plus tard retour à la France, et le Roi en avait gratifié, en 1425, le sire d'Albret, en reconnaissance de ses services. Les Fleurantins, à diverses reprises, avaient protesté contre la donation royale. Charles VIII, au commencement de son règne, rétablit Fleurance dans ses anciens privilèges, déclarant que le Roi seul pouvait en être le suzerain ; mais la remise de Nantes par Alain d'Albret et l'abandon de toutes ses prétentions sur la Bretagne avaient forcé Charles à lui promettre une nouvelle investiture de Fleurance et du comté de Gaure. Cette fois encore la résistance fut énergique, et ce ne fut qu'après de longs débats devant les Parlements de Paris et de Toulouse qu'un dernier arrêt du Conseil les attribua définitivement à la maison d'Albret (*Hist. de Gascogne*, t. III, IV, V, *passim*. — Luchaire, *Alain le Grand, sire d'Albret*).

no vole obesir au dit commessary per comandomens, que el procedissa per man armea, en requiran los ditz cossos que l'y volgussau dona socors de gens de Lectora e de l'artilharia, que hi era ; per vese, si lo dit commessari demandaua gens de la vila e la artilharia que hi era, si l'y balharian so que demandaba, ho no.

Fu conclus, per la oppinion de totz, que al dit comessari los ditz messsenhors de cossos fessan honestamen resposta, que si dels habitans de la vila volen ana a Florensa que etz no los engarderan point, mas tant que tocaua l'artilharia de la vila, que et n'y abe petit e que no lor era point possibble de la balhar, atendut los enconveniens que s'en poyran segui.

Item, fu remostrat cum monsenhor lo senescal abe deliberat de trametre a Florensa mossenhe l'official e lo canonge Castilho am d'autres personagges per veze si etz poyrian metre patz entre las gens de mossenhe de Labrit e los habitans de Florensa, car si lo siete demoraba gayre dabant la dita vila de Florensa, tot lo pays a l'entorn ne valria mens ; demandan los ditz messenhors conseilh si etz hi deben anar, ho no.

Sus aquo, fu conclus que atendut que mossenhe lo senescal s'en meylaba, que los ditz mossenhe l'official e Castilho am d'autras gens de be hi poden ana, e seria ben si poden bota patz la ont ha guerra ; que a causa d'aquet siete no si pode ensegui degun ben al pays.

Item, fu remostrat que atendut que lo siete de gendarmas si aumentaba tot jorn daban Florensa, si a totas fis lo gueyt de la vila de Lectora si debe reforsa, tant de las portas que de las murralhas. Fu conclus, per la oppinion de totz, que l'on fessa bon gueyt e bona porta, queque si agos abenir ; car valia mes que la vila metissa si gardes que si los autres la gardauan ; e qui faliria en lo gueyt ho en la porta, quant seria mandat per los ditz messenhors de cossos, que fussa plan castigat.

Record du 7 mars 1491 (1492).

· Mossenhe de Pordeac, M^{tre} Pey de Bilheras, M^{tre} Henric Mauriet, Gaytion Foassin, Bertran de Lacoma, Bertran de Sarci, Gabriel Vesina, Johan de Garros, Anthoni de Soles, Guilhem de Peres, Johan Delas alias Cane, Pey de La Porta, Bernat de Labat, Arpin de Sensene, Johan de La Fon, Johan de Bouc, Pey deu Luc. ·

L'an que desus e lo viime jor del mes de mars, foc remostrat per messenhors de cossos, als personagges desus scriutz, congregatz a lor mandamen, als quals foc remostrat cum monsenhor l'evesque de Lectora (1) era stat gran temps defora la vila, lo cal si emplegaua en tot e per tot per los negocis de la vila, e la out el era no cale point que homme de la vila hi fussa per expedir so que era necessari a la vila ; e d'autra part los cossos de l'an passat luy aben feyt presen ; demandan conseilh los ditz messenhors de cossos als desus nominatz, si etz l'y deben dona alcuna causa, que cascun dissossa son oppinion.

Fu conclus, per la oppinion deus totz los desus nominatz, que la vila l'y fessa presen de sieÿs barricas de vin, las duas barricas de vin roge, duas de blanc e las autras duas de claret, e de dotze sacs de siuasa, car la vila l'y era ben tenguda d'aquo, e de mes ; e que l'y fessan autras cortesias, ayssi que lor seria abis, lor en donan la charga.

(1) Le Roi avait fait appeler l'évêque de Lectoure à la cour pour le charger d'aller négocier la paix avec Ferdinand, roi de Castille. En récompense, il reçut l'archevêché de Narbonne (*Hist. de Gascogne*, t. v, p. 197).

RECORD DU 10 MARS 1491 (1492).

———

Mᵉ Pey de Bilheras, Pey deu Luc, Bertran de La Coma, Gaytion
Foassin, Bernat Delier, Guilhem de Peres, Johan de Bouco, Pey
Borget, Pey Renal, Arnt Gᵐ de Belloc, Ramon de Montesion,
Bernat de Peyra, Sans de Pujos, Pey de Faulin, Johan Delas,
Mᵉ Gorgi Lucas, Johan de Monmoton, Pey Tarrit, Johan de
Lafont.

Lo deseme jorn de mars l'an susdit, fu remostrat, per messen-
hors de cossos tenens recort en la mayson comunal de Lectora, als
desus nominatz juratz de la dita anneya de la vila, aqui congregatz
de mandamen deus ditz messenhors de cossos, las causas que s'en
seguen.

Primo, fu remonstrat per los ditz cossos, comen etz fazen lor
aliouramen de la vila, ayssi que era stat apuntat per recort, segon
que cascun abe e tene; e plusors de la vila no si volen point
alioura ny penre lor cota, segon que aben, ny veni a lor mandamen
per fe lo dit aliouramen ; per veze comen si deben coguerna.

Fu conclus, sus lo dit poinh, que los vesis d'aquels que no si
volen point alioura fussen ausitz per los alliourados ab sagramen,
e segon que trobarian, que los alliouressan *casu quo* no si volossan
sosmestre a raso.

Item fu remostrat, cum plusors personages demoraban en la
vila, los quals non aben are e no portauan degun profieyt a la
vila, mes pertant portauan beucop de dampnagge de nueytz e de

jorn, tan en los casaus, vinhas e aùtras partz; per veze comen s'en deben ajuda, maiormen que alcus d'aquetz no eran que jogados, ribautz e renegados, e gens de malbesa vita.

Fu conclus, que los ditz messenhors de cossos, que tals fussan expellitz defora la vila, ayssi que melhor lor seria avis am lor conseilh.

Item fu remostrat, comen mestre Pey Guerin, notari de Lectora, l'an present era stat elegit borse per lo dit 'an, lo cal era stat refusan de prene lo carc de la borsaria, a causa de que Vidau Despenan era demorat borse tot solet; e ayssi metis Dorde de Vaurs era stat plusors de viagges refusan de se alioura; per vese comen s'en deben gouerna. Fu conclus, que los leyssessan en blanc e que no fussan point apelatz els conseilhs de la vila, ny els secretz d'aquela.

Item fu remonstrat, cum lo bosc deu Gajan, del cal la vila n'abe totz los ans bon emolumen, si gastaua fort, perso que cascun tot jorn hi faze[n] fustas e engarraban los melhors albres que hi eran; per veze com s'en deben gouerna. Fu conclus, que lo dit bosc fussa ben gardat e que no fussa point tant affolat.

Record du 28 mars 1492.

SOMMAIRE :

Noms des présents.

Il serait utile de mettre deux hommes de garde au boulevard, et deux au Saint-Esprit, à cause de la mortalité. *Conclu*, que deux hommes seront placés à chaque porte aux frais de la ville pour surveiller les entrants et s'informer d'où ils viennent.

Pour réparer le maset, faire les échauguettes (*los gachiens*), un bâtiment pour l'escorcherie, la maison des femmes communes, Pierre Claverie qui a arrenté le Gajan, offre de fournir des bois et de les porter, pour la somme de 32 écus. *Conclu*, que pour le moment on ne prendra que le bois nécessaire pour le maset et les échauguettes, et au meilleur marché.

Mestre Henric de Mauriet, Me Pey de Bilheras, Gaytion Foassin, Me Gorgi Lucas, Me Jaques Benierii, Me Bertran Matieu, Bertran Coma, Bertran de Sarci, Arnt Guilm de Belloc, Manaut de Bilheras, Guilhem de Peres, Bernat Tosin, Johan de Bouco, Anthoni de Soles, Johan Delas, Pey deu Luc.

Mutatio anni.

L'an mil quatre cens nonanta dus et lo xxviii⁰ jorn deu mes de mars, fu remostrat per messenhors cossos de la ciutat de Lectora, tenens recort en la mayson comunal de la ciutat, per los negocis de la dita vila, los caps que s'en seguen.

Et primo, per so que regnaua mortalitat per lo pays a l'entorn de la vila, coma cascun pode veze, per veze si fora bon que los ditz messenhors de cossos loguessan dus homes en lo baloart e dus al Sainct Sperit, que agossan conoyssensa de las gens a causa dels inconveniens que s'en poden ensegui. Fu conclus per la oppiniou deus totz, que los ditz messenhors de cossos loguessan d'aqui a Sant Johan Batista dus homes en cascuna porta (1), aus despens de la vila, los quals si donessan bien garda de las ditas portas cascun jorn, que no layssessan point intra gens que no sabossan d'on venen e ab sagramen.

Item, fu remostrat cum Pey Clauaria, l'an present, abe arrendat lo bosc deu Gajan, lo qual abe feyt una gran quantitat de fustas tant en lo dit bosc que en autra part, e perso que la vila abe besoinh de repara lo maset e fe los gachieus et un petit bastimen per l'escorgaria e ayssi metis la mayso de las femnas comunas en calque loc dedens la vila; e lo dit Pey Clauaria vole layssa tota la dita fusta, que era en grand nombre, e la carrega assos despens là ont la vila la voleria, per lo pretz e soma de trenta e dus scutz; demandan conseilh los ditz cossos per veze cum s'en deben gouerna.

Fu conclus per la maior oppinion et plus sana deus desus nominatz, que atendut que lo dit Clauaria abe feytas las fustas en lo bosc de la vila, e ayssi metis si et prene la carga de fe carrega las ditas fustas et non fera are perso que lo fen aras si bene trop car, que los ditz messenhors de cossos no prenguessan point la

---

(1) La porte du grand boulevard à l'est, et celle du Saint-Esprit au nord-ouest, étaient les deux portes principales de la ville. Le grand boulevard avait été construit en 1418 (Arch. mun., série EE.).

dita fusta de tot en tot, mes tant solamen aquela que lor seria
plus necessaria, cum era aquela del maset e deus gachieus; e que
ne agossan lo melior marcat que poyrian, e que hi procedissan al
melior que poyrian, a la utilitat de la vila.

RECORD DU 9 AVRIL 1492.

SOMMAIRE :

Noms des présents à l'assemblée générale.

Johan de Garros, dit Pochot, donne pour la rente de la tuilerie du Gajan, et depuis
fort longtemps, sept mille tuiles; un Basque veut en donner dix mille.

Conclu, que le bail avec Johan de Garros sera maintenu; il donnera trois mille
tuiles en entrant et sept mille de fief et rente annuellement.

La tuilerie de la Feugarde sera donnée au plus offrant. Quant au bois de la
Carbouère, que MM. d'Aurignac et de Mauléon usurpent sur certains points,
les consuls doivent faire respecter les droits de la ville.

Mestre Pey de Bilheras, Me Henric de Mauriet, Me Gorgi
Lucas, Me Bertran Mathey, Me Pey de Fraxino, Bernat Lacasa,
Richart Babin, Bernat de Capdebila, Pey de Faulin, Johan de
Persin, Gorgi Perier, Pey deus Peyros, Johan Ortolan, Johan
Denjoy, Ramon Bernat deu Buc, Bernat de Lestrada, Johan
de Grisolas, Vidau deu Luc, Bernat Dasiera, Bernat Dargelos,
Arman Vila, Vidau deu Sans, Guiraut Beral, Pey Costa,
Arnd deu Pradetz, Stene Corrau, Johan de Campet, Johan de
Las dit Cane, Pey de Berdun, Pey La Porta, Pey Lafargua,
Johan deu Casso, Guilhm Ransan, Johan de Berens, Arnt de Lier,
Domenges de Batcarrera, Manaut de Causac, Gaytion deu Bosc,
Johan Coderc, Arnt de La Fon, Marsal Pradas, Manaut de
Peyret, Gm Sartre, Vidau de Matayron, Gm deu Junca, Gm Ramon
de Marran, Johan de Fis, Domenges de Labadia, Bertran de
Mesples, Johan Chivale, Arnd Guilhem de Belloc, Miqueu de
Bearn, Bernat Dauge, Gm Laserra, Mathieu Chaumele, Vidau
Dorganh, Gm deu Mengas, Gm Teyssier, Bernat Pioncela, Johan
de Territ, Arnd de La Sala, Bosquet Merle, Domenges deu Joan,

Pey Dasiera, Pey de La Plassa, Pey de Tarrit, Frances de La Grossatia, Johan Corregas, Johan de Berlana, Jonot de Ladinhac, Manaut de Fortet, Ramon de Lubet, Sans deu Pin, Pey Lana, Sans La Sala, Ramon de Labadia, Arn^t Lagarda, Vidau deu Basco, Johan Delier, Pey de Seran, Marticot Surin, Berdot deu Prat, Stene Tornayre, Arn^t de Batcarrera, Berdolet deu Biau, Johan de Melu, Domenges de Montesion, G^m Ransan, Ramon de Laplassa, G^m Ribaudit, Manaut de Bilheras, Johan de Monset, Johan de Bouco, Pey de Gariapoy, Johan Darre, Johan de Monestie, Arn^t Salere, Arn^t Casaubon, Johan de Monmoton, Johan Manhie, Arn^t G^m de Meritens, Ramon de Labadia, Pey de Moras, Arn^t de Souanhan, Arn^t deu Luc, Arn^t G^m de Berlana, Ramon Delier, Gaytion Foassin, Poncet Fabet, Vidau de Grisolas, Pey de Menbiela, Johan deu Trey, Bernat de Fontanhera, Bernat Barrera, Bernat Pascau, Manaut de Sarramea, Pey de Vila, G^m de Bazetz, Pey Borget, Bertran Coma, G^m Berlana, Bernat Delier, Guilhem Dagenoes, Johan de Bearn, Arn^t de Malho, Arn^t G^m Castera, Guiraut de La Barbera, Pey deu Casso, Vidau deus Bordieus, Vidau de Berneda, Jacmes Degusan, G^m de Vinhas, Robinet Deloe, Gabriel Vesina, Arn^t Dayraut, G^m de Souanhan, Vidau .de Melhan, Ramon de Montesion, G^m La Casa, Jacques Roqueta, Johan de Faulin, Gaytion Mauriet, Pey Vernha, Pey de Lauga, Johan Ortolan, G^m Vaque, Bernat de Labat.

L'an que desus et lo noueme jorn deu mes de abrieu, furen remonstratz los caps que s'en seguen als personagges desus nominatz, congregatz en la mayson comunal de Lectora a son de trompa, de mandamen deus ditz messenhors de cossos. Et primo, lor fu demostrat, cum Johan de Garros dit Pochot abe tengut lonctemps la teulera deu Gajan, lo cal ne donaba set miles de teule caux, e ung basco ne vole dona cascun an detz miles, e que la vila la l'y arrendessa de XXIX en XXIX ans, et que no prengora mes lenha morta, e que la vila l'y estessa a guerras e mortalitat; per veze si deben layssa la dita teularia al susdit Pochot, lo cal l'abe tenguda per gran temps e botat gran diligensa a la tenir, ho la deben balha au dit basco; sus aquo demandan conseilh.

Sur lo cal fu conclus, que los ditz messenhors de cossos deben leyssa la dita teulera au dit Johan de Garros, lo cal l'abe tenguda per lonc temps, tant per se que sos predecessors en tot temps, tant de mortalitat que de guerra, e que paguessa très miles de teules per la intrada, e set miles de teules de fieu e renda totz los ans al terme que lor seria abis aus ditz messenhors de cossos, del cal teule ne fessan recepta e despensa, que n'estessan au dit de Garros e aus sos a temps de guerra e de mortalitat; e ayssi metis que lo dit de Garros no prengossa deu dit bosc deu Gajan sino que lenha morta, e que a et fussa arrendada la dita teulera per los ditz messenhors de cossos de XXIX en XXIX ans, e am aquo desus dit, paga lo dit de Garros se obligessa en forma deguda.

Item, fu remostrat per los ditz messenhors de cossos, cum la teulera de la Feugarda, apartenen a la vila de Lectora, no si arrendaua en los ans darre passatz sino ung mille de teule caux per an, e los ditz messenhors de cossos ne trobarian tres miles per cascun an; per vese si la deben layssa la sus dita teulera de la Feugarda an aquet que ne donaba ung mile de teule per an, ho la deben bayla al plus offren.

Fu conclus per los ditz messenhors, que la dita teulera de la Feugarda al plus offren demoressa, et que lo que mes hi donessa aquel la agossa, e que si obliguessa de paga so que prometria.

Item, fu remostrat, cum lo bosc de la Carboera era en las pertenensas de la vila e ayssi metis apartene a la vila, en lo cal bosc mossenhes d'Aurinhac (1) e Malleon hi botauan debat, e lo usurpauan en ne prene cascun ung tros; per veze cum s'en deben gouerna.

Sur lo cal punch, fu conclus per los totz desus nominatz, que los ditz messenhors de cossos fessan mostra aus ditz de Aurinhac e Malleon lo dreyt que pretendian aber en lo dit bosc de la Carboera, e a totz autres ayssi metis, talamen que lo dreyt de la vila en nulla sorta no si perdossa point, e que los ditz messenhors de cossos ho proseguissan, en tot e per tot, per justissa.

(1) Noble Arn⁴ Guillhem de Poybrassac, *alias* d'Aurinhac (Terrier de 1491, fol. 228). Reconnaissances de fiefs pour des biens situés en Lectoure à noble Jean de Sérignac et Florette de Poybrassac, mariés, héritiers de Arnaud-Guillaume de Poybrassac, 1505-1509, un vol. in-4° (Archives municipales).

RECORD DU 17 AVRIL 1492.

————

Me Pey de Bilheras, Gaytion Foassin, Pey deu Luc, Bertran Coma, Anthoni Soles, Pey Renal, Gm de Peres, Johan de Fis, Me Gorgi Lucas, Ramon de Montesion, Johan de Persin, Johan de Las alias Cane, Bertran de Boquet, Guiraut Brunet.

L'an susdit e lo xviime jorn de abrieu, fu remostrat per messenhors de cossos als personagges desus nominatz, congregatz en la mayso comunal de Lectora per tene recort, los caps que s'en seguen :

Et primo, fu legida una letra missoria de mossenhe lo senescal d'Armanhac de cressensa baylada aus ditz messenhors de cossos de las partz deu dit monsenhor lo senescal per mossenhe lo percuray du Rey de la dita senescalcia, en la cal letra faze mention cum et s'en vole anar debers lo Rey, e que plagossa aux ditz messenhors de cossos e a tota la vila que l'y prestessan cent liouras tornesas, e que et aure recomandada la vila au Rey; per veze cum s'en deben gouerna, maiormen que etz non aben point d'argen per presta, ny aussi pauc per fe la reparation de la vila. Sur lo cal point, fu conclus, que etz si excusessan envers lo dit mossenhor lo senescal en luy remostran la paubretat de la vila, e que etz no aben point de argen, ayssi que etz saberian melior dise.

Secoundamen, fu remostrat comen plusors de la vila eran statz aliouratz e ne eran beucop, coma los officies deu Rey e d'autres, que nonobstan que fussan estatz apelatz a son de trompa e autramen que si vengossan alioura, la cal causa aben refusat de fe; per veze cum deben proceda. Sur lo cal punh, fu conclus, que cascun habitant de la vila, qui qui fussa, los ditz messenhors lo aliouressan, ayssi que melhor seria avis aus aliourados, gardat so que si deu gardar.

Item, fu remostrat cum l'an darre passat lo fen costaua beucop en la presenta ciutat de Lectora, e mantenen era lo temps de garda los pratz de la vila afin que lo bestia no hi intressa; e n'y abe belcop deus habitants, los quaus aben gran quantitat de bestia e petitz de pratz, los quaus fazen gran dampnagge, cum era los jorns de Rams, Pascas et autres; per vese cum s'en deben gouerna. Sur lo cal point, fu conclus, que los pratz de la vila si gardessan, que bestia no hi donessa point dampnagge, e que fussa feyta, per los ditz messenhors, proclamation ab gran[s] penas, que degun no agossa point a metre dehoras en auant bestia en los ditz pratz, e aquels que passeran lo commandamen, que fussan punitz.

Item, fu remostrat cum, per la part deus ditz messenhors, eran stadas impetradas unas letras provisionalas de la cort de parlamen de Tholosa tocan gens de maubesa sorta, las quals furan aqui metis legidas en la audiensa de totz los desus nominatz, demandan conseilh los ditz messenhors de cossos per veze si las deuen fe exequta a l'encontra de messenhors lo jugge mage (1), percuray deu Rey d'Armanhac, e autres. Fu conclus, per la opinion deus totz, que las ditas letras eran ben stadas impetradas e que que fussa que fussan exequtadas e fussa procedit juxta lo contengut d'aquelas contra totz los que fussa avis aus ditz messenhors de cossos.

(1) Jean de Testet (terrier de 1491, Arch. mun.).

Record du dernier jour de mai 1492.

SOMMAIRE :

Noms des présents.

Les gens d'armes de monseigneur d'Albret sont venus se loger en plusieurs bordes et salles des appartenances de Lectoure ; un archer d'Armagnac a dit au bordier de M. G. de Bitrac que la ville de Lectoure devait faire bon guet de peur d'une surprise. Bien des gens mandés au guet ne se rendent point. Près la porte du Saint-Esprit il y a un grand *femore* ; si des gens d'armes s'y mettaient derrière avec de l'artillerie, il pourrait servir de boulevard contre la ville ; il en est de même de celui qui est près la porte du boulevard. Il existe une transaction entre les habitants de la ville et les chanoines au sujet des dépouilles des morts ; elle n'est point observée par ces derniers. Plusieurs empiètent sur la juridiction de la ville ; M. de Bouillas réclame dix concades d'après son acte.

Le médecin qui est resté à cause de l'épidémie demande deux ou trois francs ; enfin ceux qui ont la garde du château n'ont point de vivres, et le boursier de la ville est absent. Les consuls doivent dire encore qu'on les a blâmés d'avoir l'autre jour fait fermer les portes au bâtard d'Armagnac ; ils demandent conseil sur tous ces points et le secret de la délibération sous serment.

Serment prêté. *Conclu*, que la ville doit être bien gardée ; les *femores* seront abaissés ; la ville prendra la cause des prêtres nés en ville ou taillables de la commune. Il sera procédé contre ceux qui empiètent sur la juridiction, et un transport sur les lieux sera fait au sujet de la réclamation de M. de Bouillas. Le médecin touchera l'argent que les consuls aviseront, et provision de vivres sera donnée aux gardes du château.

———

Me Pey de Bilheras, Me Aymeric Jaquet, Guiraut Faur, Pey deu Luc, Me Gorgi Lucas, Me Jaques Benierii, Me Bertran Mathey, Bertran Coma, Johan de Las alias Cane, Johan de Fis, Gaytion Foassin, Guiraut Beral, Bertran de Sarsi, Johanot Monmoton, Ramon de Montesion, Guiraut Brunet, Pey Renal, Bernat de Labat, Forton deu Cos, Johan de Bouco, Gm de Peres, Manaut de Bilheras, Vidau Dorganh, Bernat Delier, Johan de Lafon, Bernat Tosin, Pey de Tarrit, Vidau de Melhan.

Lo darre jorn deu mes de may, fu remostrat per messenhors de cossos, tenens recort en la mayso comunal de la vila, als perso- nagges desus nominatz, aqui congregatz de mandament deus ditz messenhors cossos per teni recort, los caps que s'en seguen.

Et primo, fu remostrat cum dilus darre passat las gendarmas

de mossenhe de Labrit eran aloggadas en las pertenensas de Lectora en plusors bordas e salas, e cum ung arche d'Armanhac abe dit au bordile de mossenhe Guilhem de Bitrac que la vila de Lectora fessa bon gueyt que no fussa presa, ayssi que lo dit bordile abe dit. Item, d'autra part, plusors dels habitans de la vila mandatz al gueyt no hi anaban point, e maestre Pey de Combas, notari, abe refusat de hi ana, e ung apelat Meritens era stat pres e botat en carse perso que no era anat al gueyt e au present relaxat part (1) lor conget.

Item, fu remostrat cum pres de la porta deu Sanct Sperit abe ung gran femere (2), darre lo cal si si botauan gendarmas ab artilharia, lo dit femere lor sere coma baloart contra la vila, et plusors s'en complanhen, los ditz cossos s'en descarguen *casu quo* a la vila ne vene mau et dampnadge, s'en remeten a la jurada, e ayssi metis del femere pres de la porta del boloart, no volens alcuna causa demora secreta.

Item, cum mossenhor de Lectora los abe ben abisatz e amonestatz que, totas causas layssadas, vaquessan a la garda de la vila noyt e jorn.

Item, fu remonstrat cum entre los habitants de la vila e mossenhors de canonges de la gleysa cathedral de Lectora, abe una transhaction (3) a causa de las despolhas, la qual los ditz canonges passauan e no la tenen point, ayssi que lor era stat dit per plusors homes de gleysa, car cant ung caperan more, els pretendian abe tota sa despolha; per veze cum s'en deben gouerna.

Item, fu remostrat cum plusors occupauan la juridition de la vila, cum mossenhc de Sanct Abit (4) au Gajanhet e d'autres; et

---

(1) *Part* est ici, et dans la délibération du 4 juin, pour *per*.

(2) Dépôt, décharges publiques aux portes de la ville.

(3) La transaction de 1487. Voir plus haut.

(4) « Lo noble Johan de Tinras, senhor de la Cassanha et cossenhor de Sent « Abit, per de present capitan de Laytora » (Terrier de 1491, f° 343, rooto). Le terrier de 1501 lo mentionne encore, sans lui donner ce dernier titre ; il n'a dû garder la charge que peu de temps. On lit au-dessus, comme substitué plus tard, le nom de « noble de Vezin, senhor de la Cassanha » (Terrier de 1501, f° 272, v°). Mais Jean de Tinras n'était coseigneur de Saint-Avit que pour la quatrième partie, comme successeur de noble Cavarine de Bonnefont, sa mère ; le reste de la seigneurie de Saint-Avit appartenait à « *noble Jean de Golard* ».

cum mossenhe de Bolhas demandaua detz concadas de terra juxta la tenor de son instrument de pronunciation e acord, feyt am la vila, lo cal instrument lor abe baylat.

Item, fu remostrat cum lo medici que abe demorat en la vila de consentimen de totz a causa de la empedimia que regnaua, demandaua dus ho tres francs per vioure.

Item, fu remostrat cum los qui aben la garda del castet no aben point de vioures, e lo borce de la vila era absen; demandan los ditz messenhors de cossos, sus totz los caps desus, conseilh; e per so que alcuns lor aben dit, que els aben feyt fulia quant l'autre jorn aben barradadas las portas al bastart de Armanhac (1), que d'ayssi a pauc de jorns el hi intrera al lonc et al lat, car en la vila abe gens que lo hi botarian; requiren los ditz cossos los desus nominatz, que juressan de no reuela lo present recort; la cal causa juren totz. Et fu conclus per la opinion deus totz, que sur tota causa la vila fussa ben gardada, e los que falirian al gueyt fussan plan punitz, e que los femeres fussan abayssatz en tal sorta que per etz la vila non valgossa mens; et tant que tocaua la transhaction e acort de la vila e deus canonges, que la vila prengossa la causa per los caperans que eran vrays habitants de la vila, los quals eran filhs de la vila, ho talhables en aquera, e que ne parlessan a mossenhor de Lectora; et au surplus, tocan la juridition de la vila contra los occupans, que fussa procedit ayssi que de raso.

C'est ce qui résulte d'une enquête faite à Lectoure le 8 août 1485, retenue par Mathey, notaire, au sujet notamment du droit de Jean de Tinras de tenir baile ayant l'exercice de la justice, concurremment avec celui de l'autre seigneur et les consuls. Cette enquête a lieu devant « los honorables homes : nobles « mossenhe Bernat de Vicmont, bachelier en decretz, administrador del monestier « de Nostra Dona de Flaran..., canonge de Lectora, Bernat de Castetz, senhor « de Pordeac et de Castetaroy, et Galhart de Baynac, senhor de Florenssas en « Agenes, per la partida de Tinras elegitz;

« Et mossenhe Bert. de Rocalaura, bachelier en decretz, administrador deu « monestier de Nostra Dona de Bolhas..., canonge de Lectora, Johan de « Montesquieu, senhor de Marsac, et Phelip de Gelas, senhor de Rozas, per la « partida deu noble Johan de Golard elegitz et ayssi medis per la partida deus « cossos de Saint-Abit... » (document communiqué). Nous ne savons lequel de ces deux seigneurs est visé dans le record.

(1) Sans doute, Pierre, baron de Caussade, fils naturel de Charles d'Armagnac (Barrau, *Doc. hist. sur les familles du Rouergue*, t. i, p. 258).

Et tant que tocaua las detz concadas de. terra que demandaua mossenhe de Bolhas, que etz vissan lo tot, e si transportessan sur lo loc, e fessan al melhor que poyrian.

Et au regart del megge, que lo fessan balhar argen, aquel que lor seria avis.

Et ayssi metis, tant que tocaua los vioures d'aquels que gardauan lo castet, que los ditz messenhors de cossos lor donessan provision de vioures de so que auran besonh, e que en tot els tengossan l'oeilh, e los vioures que prenerian los paguessan.

<hr />

RECORD DU 4 JUIN 1492.

SOMMAIRE :

Noms des présents.

Bertrand de Sarcy, tailleur, a présenté une requête au sujet de l'entrée de sa maison. Conclu, qu'il sera fait une enquête à ce sujet.

Un certain Jacques de Rey, attiré en ville par le juge mage, fait la poursuite d'un procès pour deux frères, tisserands, gens de mauvaise vie, qui ont été arrêtés en vertu des lettres de provision du Parlement. Il se répand en injures contre les consuls.

Conclu, qu'il sera chassé de la ville.

<hr />

Mtre Jaques Benierii, Jonot de Monmoton, Arnt Gm de Belloc, Johan de Persin, Johan de Fis, Johan de Bouco, Johan de Las, Johan de Las dit Cane, Bernat Peyra, Pey deu Luc, Guiraut Brunet, Pey Renal, Bertran de Sarci, Anthoni de Soles, Pey de Tarrit, Gm de Peres, Vidau Foranhan, Pey Banchet, sartre, Guiraut Beral.

Deu mes de junh lo cart jorn l'an desus, furen remostratz per messenhors de cossos tenens recort en la mayso cominal de la vila, aus personagges desus nominatz, los caps que s'en seguen.

Et primo, fu remostrat cum Bertran de Sarci, sartre, si rancuraua e abe requirit aus ditz senhors de cossos que donessan remedi en la plassa comuna de la vila perso que et abe son intrada de sa mayso el temps passat en lo cami per lo cal hom vay aus Carmes, la cal intrada era mantenen barrada, e que lor plagossa de l'y dona licensa de fe la dita intrada debers la plassa, ho la torna de la ont era per dauan; sus aquo demandan conseilh.

Sur lo cal cap, fu conclus, que atendut que anaua de la causa publica, e atendut que alcuns dizen que la intrada de la dita mayso sera melhor en la carrera publica que en la plassa de la vila, e d'autres dizen lo contrari, que plus gran nombre deus habitants de la vila fussen apelatz sus aquo, atendut so desus.

Item, fu remostrat cum per lor decarga, ben e utilitat de la causa publica e agut conseilh entre etz, auen agut una provision de parlamen a Tholosa ab una requesta, contra ribautz, roffians, e autra gens de mauvesa vita e plusors que de lor autoritat propria e temeraria presumption, los quals hom no sabe d'on eran ny per si venen per be ho per mau en la vila, que era vila de garda; et perso que hi abe entre los autres, dus tissines que eran frays, gens de mauvesa vita, e que per lors exces eran statz pres; per los cals, ung apelat Jacme de Rey, clerc, faze la porsuita e dize injurias e vilanias aus ditz messenhors de cossos e aus bayles, lo cal clerc lo jugge mage d'Armanhac abe botat dedens la vila e hi era de presen; nonobstan que la susdita provision, gran temps abe, l'auren balhada a Sans Azema, sergan real, per la executa contra los officies deu Rey de la senescaucia d'Armanhac, lo cal no abe point feyta la execution, e apres la aben balhada a Johan Rocel, ayssi metis sergant real, per la executar contra los ditz officies; demandan conseilh los ditz messenhors de cossos, per veze si atendut so desus, que valossa so que lo dit jugge abe feyt e que lo dit clerc demoressa en la vila part lor conget. Fu conclus, per la opinion deus totz, que lo dit clerc salissa defora la vila e que no demoressa point part lor conget a totas fis, car a l'auentura, a causa de et, poyria veni calqz dangie a la vila.

RECORD DU 19 JUIN 1492.

SOMMAIRE :

Noms des présents.

Faut-il remettre la ville et le château à un secrétaire, procureur fondé du bailli de Mâcon, lieutenant de monseigneur de Bourbon, qui vient de recevoir du Roi la capitainerie de Lectoure, ou attendre les ordres du Parlement?

Faut-il donner à ce secrétaire un homme pour porter certaines lettres à Bayonne?

Conclu, que ledit secrétaire serait prié d'attendre quelques jours. Un messager sera envoyé à Toulouse; il rapportera les ordres du Parlement. Le château seulement sera remis au secrétaire et un homme lui sera donné pour aller porter ses lettres à Bayonne.

———

Mossenhe de Marsac (1), M^{tre} Pey de Bilheras, M^{tre} Jaques Abonsiti, Johan de La Fon, Pey Borget, Vidau deus Bordieus, M^{tre} Gorgi Lucas, M^{tre} Jaques Benierii, Johan de Las, Gaytion Foassin, Vidau Dorganh, Johan Delier, Pey deu Luc, Bertran Coma, Bernat Peyra, Johan de Vinhas, Pey Renal, Johan de Persin, Bernat de Labat, G^{m} de Peres, Bertran de Sarci, Johan de Monmaton, Guiraut Brunet.

L'an que desus mil quatre c nonanta et dus et lo XIXme jorn de junh, fu remostrat per messenhors de cossos, tenens recort en la mayson comminal de la vila, als personagges desus scritz, cum lo Rey, nostre soueran senhor, abe donat la capitanaria de Lectora a monsenhor de Borbo (2), lo cal abe feyt son loctenent mossenhe lo baylieu de Macon (3), gouernado de Lengadoc, del

(1) Montesquiou de Marsac. D'après une enquête faite sur le baron de Pordéac, lieutenant lay des sénéchaux d'Armagnac, M. de Marsac aurait eu aussi pendant quelque temps la lieutenance, « vivant pour lors M. le sénéchal « de Bosredon » (Arch. mun., série FF).

(2) Charles de Bourbon, baron de Caudes-Aigues, sénéchal de Toulouse, fils naturel de Jean II de Bourbon. Il avait succédé à Gaston du Lion, dont il avait épousé la fille ; elle lui avait apporté les baronnies d'Aure, Magnoac, Neste et Barousse, qu'Isabelle, sœur de Jean V, avait données à son père. Cette branche de Bourbon prit le titre de Bourbon-Malauze (Dom Vaissete, *Hist. de Languedoc.* — *Hist. de Gascogne,* t. v, p. 84).

(3) Voir aux *Documents inédits, Extraits de la bibliothèque et des archives,* etc., t. III, p. 508, une lettre du Roi adressée aux baillis de Mascon et de Vivarais, touchant les consuls de Lectoure et Charles d'Armagnac. (Cette pièce, publiée par M. de Métivier, a disparu des archives municipales.)

cal era vengut lo secretari per penre possession de la dita capi-
tanaria, portan las letras patentas deu Rey deu dit don, loctenensa
e tot son autre delioure en forma deguda, las quals letras furen
legidas aqui metis; apres la cal lectura, fu remostrat per veze
si deuen ametre lo dit secretari, percuray deu dit loctenent,
incontinen a penre sa possession de la dita capitanaria, ho
prumeyramen ho notificar en parlamen a Tholosa, a la fin que
messenhors de parlamen ne fussan avertitz, atendut que incon-
tinen que mossenhe lo senescal fu mort (1), ung dels senhors
de parlamen si transportet en la vila, de mandamen de tota
la cort, per veze si la vila abe besoinh de re, tant per la garda
de la vila que del castet, ofren balha gens d'armas e autras causas
necessarias a la garda d'aquels aus despens deu Rey ; et si cas
era que lo dit secretari no volgossa atendre la resposta, si l'y
deben balha la vila et lo castet, juxta lo contengut de sas letras ;
et d'autra part lo dit secretari demandaua ung home, lo cal la
vila l'y balhessa, per anar a Baiona, per porta alcunas letras
part dela, si la vila lo l'y deu balha ho no.

Fu conclus, que vist lo tot, que prumeyramen los ditz messen-
hors de cossos saubessan la volontat deu dit secretari per veze
si s'en vole retorna incontinen e que lo preguessan que demoressa
per tres ho quatre jorns; et perso que fu dit, que el abe dit,
que el demorera la resposta de las letras de Baiona, fu conclus,
que encontinen la vila transmetossa ung home a Tholosa en
parlamen am las ditas letras a la fin de sabe la voluntat de
parlamen, e que l'y fussa apres balhat lo castet tant solamen ;
e entretant, que los ditz cossos lo entretengossan e que l'y
balhessan ung home per anar a Bayona.

---

(1) L'enquête précitée sur le baron de Pordéac (Arch. mun., série FF.) don-
nerait pour successeur immédiat à Jean de Bosredon noble François de Cardonne.
Toutefois, au 31 janvier 1492 (vieux style), Guinot de Lausières, ancien sénéchal
du Quercy, était sénéchal d'Armagnac (Lettres dudit sénéchal, Arch. mun.,
série FF). A Guynot de Lausières aurait succédé, en 1496, Jacques Galiot de
Genoilhac, comme il résulte des lettres de ce sénéchal du 15 octobre de cette
année portant exécution pour ajournement donné à Jacques de Lomagne,
seigneur de Fimarcon (Arch. mun., série FF).

Los presens recors (1), contenens en se vint folietz de scriptura, lo present contat, son statz scritz per me Johan Miermondo, notari de Laytora, en la presentia deus nominatz en los ditz recors, e per maior fermetat me sonc subsignat de mon signe manual.

DE MIERMUNDO.

(1) Il ne s'agit ici que du livre des records de 1491-1492, auquel il ne manque, comme il a été dit plus haut, que les deux premiers feuillets.

FIN DE LA SECONDE PARTIE.

TABLE

DES NOMS DE LIEUX ET DE PERSONNES.

B

C

D

E

F

G

H

M

V

X

FIN DE LA TABLE

DES NOMS DE LIEUX ET DE PERSONNES.

TABLE DES MATIÈRES.

FIN DE LA TABLE DES MATIÈRES.

ADDITIONS ET CORRECTIONS.

Page 27, ligne 21 : au lieu de *la ciutat* lisez *la dita ciutat.*

— 31, — 1 : au lieu de *crezer* on peut lire aussi sur le ms. *trezer.*

— 31, — 22 : au lieu de *loyaletat* lisez *leyaltat.*

— 38, — 22 : au lieu de *s'apartanen* lisez *s'aparten.*

— 38, — 26 : au lieu de *mellis* lisez *mielhs.*

— 42, — 1 : au lieu de *femma* lisez *femna.*

— 45, — 7 : au lieu de *laicals* lisez *e aitals.*

— 51, — 25 : au lieu de *luy; car* lisez *luy, can.*

— 52, — 3 : au lieu de *sia la messio* lisez *sia a la messio.*

— 56, — 7 : après *l'étranger sera mis au pilori* ajoutez *ainsi que l'habitant, s'ils ne peuvent payer.*

— 64, — 16 et la note : au lieu de *descanziment* on peut lire encore sur le ms. *descauziment* (propos discourtois).

— 65, — 4 : au lieu de *s'enleue* lisez *s'en leue.*

— 66, — 15 : au lieu de *d'arauba* lisez *darauba.*

— 131, — 4 : au lieu de *Serias* lisez *Serras.*

— 153, — 8 : au lieu de *Duguet Lamarcha* lisez *Huguet Lamarcha.*

— 185, note 2 : ajoutez *mais plus probablement, en tenant compte d'un vice de rédaction dans le texte, Pierre II de Bourbon, sire de Beaujeu.*

AUCH. — IMPRIMERIE COCHARAUX FRÈRES, RUE DE LORRAINE. — 984.

*9 7 8 2 0 1 2 5 2 3 7 7 7 *